我在蔣介石父子身邊的日子

翁元——口述
王丰——著

我們在蔣介石父子身邊的日子（前排右三為本書口述者翁元）。

蔣介石到天涯海角，都有隨從在旁保護伺候。

蔣介石總統國宴款待外國元首，翁元穿圓山飯店服務人員服裝「喬扮」侍者，保護元首安全，上圖為沙烏地阿拉伯國王費瑟來訪。

貼身侍從副官的任務：隨時伺候蔣介石。

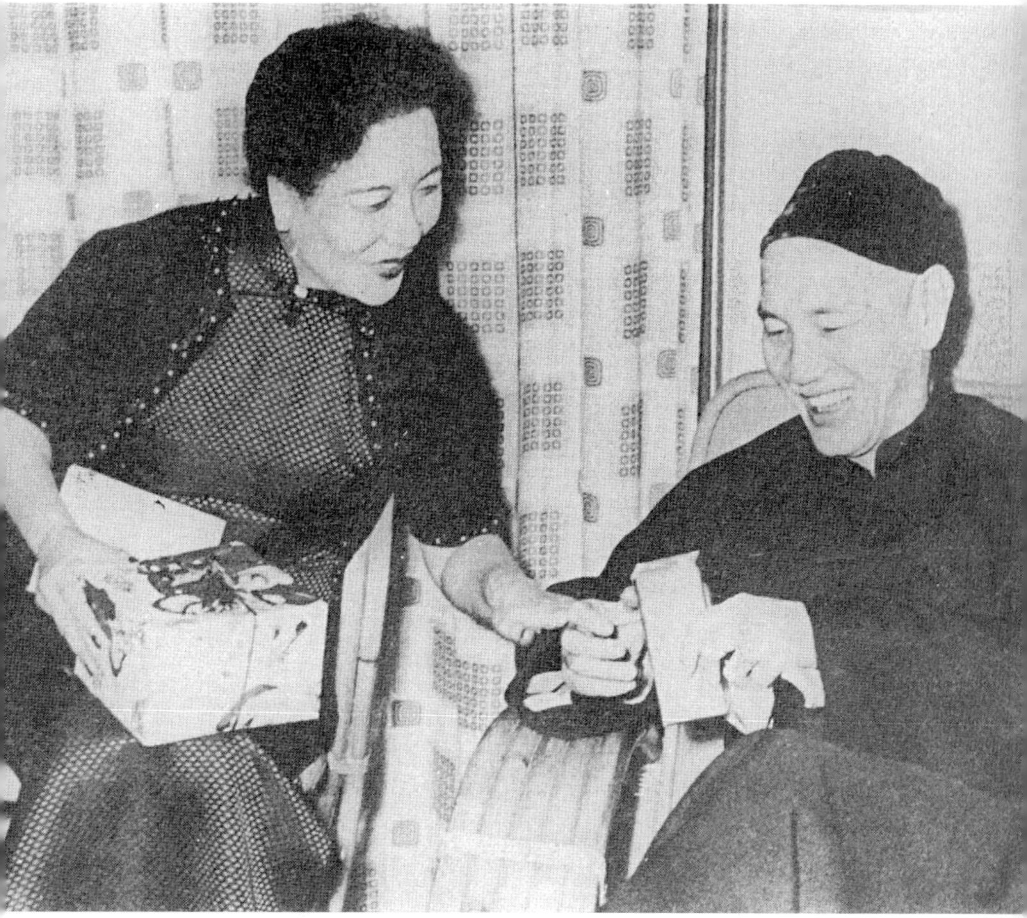

蔣介石夫婦互贈聖誕禮物。

和蔣孝勇攝於飛機機艙內。

總統府辦公室服務時期的翁元。

蔣介石總統喪事料理告一段落，夫人宋美齡頒贈勛章予翁元，旁為侍衛長鄒堅。

蔣介石逝世後，翁元負責在慈湖陵寢守靈，時為1976年元旦。

在慈湖蔣公陵寢守靈期間，和蔣經國總統合影留念。

長安東路官邸時代的蔣經國、蔣方良夫婦一家人和王叔銘、趙聚鈺、嚴靈峰等友人餐敘一堂。

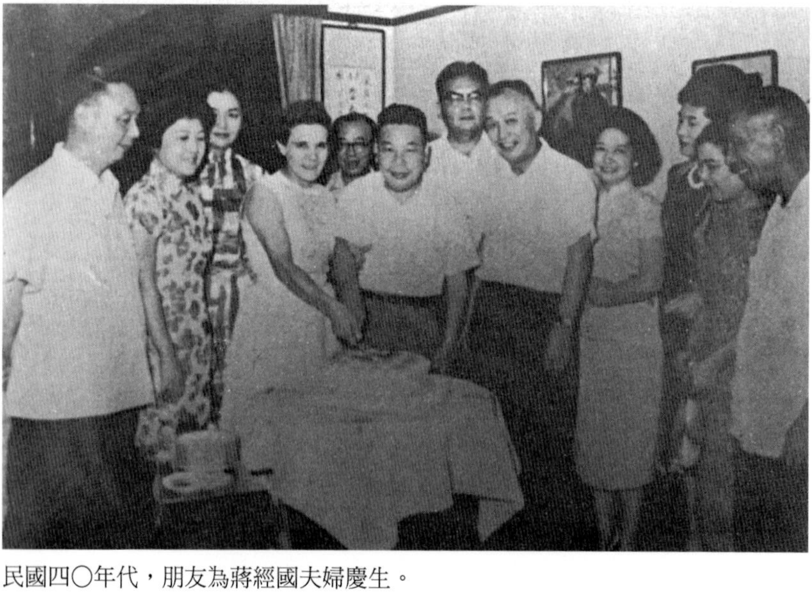

民國四〇年代，朋友為蔣經國夫婦慶生。

蔣經國夫婦原本對蔣孝文抱有極高期望。

二代總統的忠誠副官：翁元。

和國民黨耆宿張寶樹先生於十三全大會會場。

於某民營公司擔任資深顧問時的翁元。

少年時代，我連做夢也沒有想過，
自己會成為蔣介石父子的貼身侍從，
並且會一直伺候到他們壽終正寢的那一刻為止。

——翁元

目錄

第一章

大陸一瞥

第一節　入伍

少年時代，我連做夢也沒有想過，自己會成為蔣介石父子的貼身侍從，並且會一直伺候到他們壽終正寢的那一刻為止。

一九四六年，那時我中學還未畢業，某日，我在老家浙江省壽昌縣縣城裡，看到一份國民政府軍事委員會張貼的布告，上面說軍委會正要招考一批「衛士」；當時，抗戰剛剛結束，民窮國困，青年人要找一份像樣的工作，並不容易，特別是一些勝利復員的人，剛從大陸方回到家鄉，幾乎比較好點的空缺，都被他們占光了。所以這個招募啟事，給了我相當大的吸引力。

幾天後，我去報名甄選，而且很快被通知錄取了。

當初，我是抱著能當蔣委員長的衛士榮耀的心情去報名的，後來，我和同僚閒聊時發現，原來我們這一夥人，大概有一大半，不知道「衛士」就是去當兵；可是，後來到達台灣後，隨著歲月的流逝，我們當中的少數人，包括我自己，就被挑選去做蔣家的家臣兼侍役，並且成為一輩子最主要的「職業」，這個「職業」也耗去了我們這一生最最寶貴的時光。

那年的秋天，十月間光景，我們這群甄試合格的十七、八歲青年，從浙江老家，被分別送到南京一處營房，營房位在南京黃埔路，國民政府勵志社總社隔鄰，美軍顧問團和明故宮遺址附近。

我們剛到南京當天，總隊長樓秉國親自來訓話，按照蔣先生慣例，我們這一批衛士清一色是浙江人。那天，許多人才剛下火車，衣著打扮或是舉手投足之間，都還是十足的老百姓，一聽說上面訓話的是一個什麼總隊長，早就被他那個官銜給震懾住了，等樓秉國總隊長上台講話，有些同僚在台下嚇得兩腿直哆嗦。

我們這些來自浙江省建德、淳安、壽昌、湯溪等縣份的青少年衛士，未被分配到其他單位而留下來的，被編配為兩個區隊，納入外勤隊，固然，當時軍衣衛士人員數目很多，保護領袖的重要據點仍落在外勤隊資深的幹部身上。我們忙於服勤務，是以並未把太多的時間花在受訓上面。

南京時期，軍衣衛士的警衛總隊，下轄有三個大隊，包括一個重武器大隊，配備的武器有重砲和各種重武器；此外，還有一個外勤隊，這個隊的主要任務是保護黃埔路總統官邸等重要勤務，還有一個工兵隊和騎兵、通信等隊，編制上看起來，應不會較現在的一個軍來得小。在重慶時期，保護蔣介石官邸的是一個警衛旅，這個警衛旅的基幹，也是清一色的浙江人，勝利復員後，警衛旅的編制做了一些調整，但基本上，這個所謂的「領袖鐵衛隊」，不但編制未見縮減，反而日漸膨脹，我們這批在四六年甄選的青年衛士，也是蔣介石最後一批從浙江徵召的子弟兵。

第二節　點兵

我們報到的當天傍晚，在集合場站定之後，才知道這次是要點兵。總隊長帶著一種極為銳利的目光，向我們掃來，他把我們之中高的和矮的，全部從隊伍裡頭挑走，這些人當中，高的被安插到第一大隊，矮的被調去工兵隊，像我這樣，面孔沒有明顯特徵、身高大概在一米七十左右、不胖不瘦的人，就被直接留在任務最艱鉅的外勤隊。

從整個的組織編配來說，外勤隊儘管是領袖全部警衛部隊當中，比較核心的一支鐵衛隊，但是，嚴格說來，它還只能算是領袖保衛人員的「中衛」。

縱然如此，從各方面來說，外勤隊是相當受到上級重視的一個單位，因為，它是領袖侍從室基幹的主要來源，如果我不是從這個外勤隊出去的話，我是不可能被派到蔣介石父子身邊，伺候他們父子倆一輩子的。自然，這個外勤隊的所有成員，大多數仍是浙江人的天下，蔣介石所以做這樣的安排，倒不是他特別相信浙江人。而是一種慣例。早在西安事變前，蔣介石的便衣衛士，清一色是浙江人，連歷任侍衛長都是浙江人，這已經是一種傳統。這個傳統，主要是基於蔣先生個人對浙江人一種「人不親土親」，語言習慣通暢便利。

剛進外勤隊時，隊長是周覺先少校，他對吃和衣著非常重視，戴個金邊眼鏡，頗有名士派頭，對待幹部十分嚴格，對下屬卻是寬厚可親（行憲後整編為總統府警衛隊，上級晉升他為大隊長，蔣介石引退後，周覺先沒有作戰經驗，上面就調了一位史樸如上校，來擔任大隊長）。

當時，外勤隊的訓練和日常勤務，基本上是比較輕鬆的，特別是在一九四七年國民黨政府行憲前的那段時間。因為我們營區就在南京勵志社總部旁，周覺先隊長很重視士官兵的體能，所以，隊職官經常帶領我們到隔鄰的勵志社打籃球，偶爾還去觀賞軍民團體球類比賽、晚會娛樂節目。

那段時間，恰逢隊上的老衛士回鄉省親，另外第一、二、三大隊，正在基地受訓。我們待在南京接受了一段短期訓練，一九四七年夏天，委員長蔣介石赴廬山避暑，因無外勤隊隨扈，我們全隊便被派赴廬山服勤，服完這趟勤務後再回南京駐地。

第三節　整編

隨著行憲的腳步，警衛總隊的編制，也隨之做了一些改變。

在表面上，中國馬上就要結束行之多年的訓政時期，進入憲政時代，但是，任何一個稍有觀察能力的中國人，從當時的種種跡象，就可以看出來，這其實是一種全然不切實際的幻想。因為，當政者並沒有任何還政於民的誠意和具體作法，這一點，可以從那場亂糟糟的制憲會議和總統選舉，看出一些梗概。

儘管如此，蔣介石和他的幕僚們，還是得拿出一些表象上的作法，讓人至少在表面上覺得中國是在朝民主的道路上走。從抗戰勝利復員，到之後國共內戰，直至大陸淪陷，有關蔣介石的警衛系統，基本上是當時曾任總統府軍務局長俞濟時，一手研擬規劃。

俞濟時主導侍衛體系的時代，從抗戰勝利後，一直延續到一九五〇年代初期，他都在幕後做整個策劃，蔣介石的侍衛系統幾次改編，都是他的得意傑作，我們不妨在此談談行憲前後，歷次侍衛系統的流變。

勝利後，在南京時期，蔣介石的侍衛系統名稱就叫「國民政府軍事委員會警衛總隊」。

在總隊之下，共有三個輕裝大隊，分別名為第一、第二、第三大隊，隊員配備輕武器，一個大隊的兵力，相當於一般部隊的團級單位，約有一千多人定員；然後，還有一個重火器大隊，配備有迫擊砲、火箭筒等當時堪稱為重武器的裝備；其次就是最受上級重視的外勤隊，它是日後蔣介石身邊貼身人員的搖籃，我就是被分配到這個單位，這個外勤隊，相當於一個獨立營的編組，個人武器全部是當時最新的美式配備，如湯姆遜衝鋒槍、卡賓槍、德製連發手槍等等；其他尚有騎兵隊、輜重隊、工兵隊、通信隊等單位。

組織架構上，警衛總隊是完全繼承了重慶時代的傳統，但是在規模上，警衛總隊給人更濃厚的蔣家軍的色彩，體制上，南京時代的總隊長是樓秉國，但是，樓基本上是完全聽命於俞濟時的，而俞又是蔣介石心腹死黨，所以，歸結到最後，這支侍衛武力，實際上等於是蔣介石自己的御林軍，沒有他的命令，這支領袖鐵衛隊，是不會輕舉妄動的。

行憲前，總隊長是黃埔三期的樓秉國少將、副總隊長是任世桂上校、總隊附則是日後創辦聯合報系的王惕吾。

行憲後，為了要予人政府進入憲政的印象，以前的警衛總隊，後來縮編為「總統府警衛大隊」。

總統府警衛大隊，下轄六個隊，是由原來的警衛總隊編遣後，打散到各個隊，但全部以第一、第二、第三……為名，一直排到第六隊，編遣後剩餘下來的，就分派到「國防部警衛團」，執行的任務和警衛大隊並沒有太大的差異。

不管上面如何編派我們這些新入伍的衛士，大家年紀輕根本不會想得那麼深遠；整編後，我被編進第一隊，階級仍舊是士兵，負責總統府大門警衛。隊長馮孝本，對衛士們的日常生活非常關懷；區隊長蕭釗鑫，那時階級中尉，湖南人，軍校二十期畢業，來台後，當過憲兵獨立營營長，駐地在花蓮北埔，這兩位長官都對我相當照顧。我確實很得長官緣，到那裡，都會有長官幫助我、拔擢我。

第四節 國難

一九四八年十一月九日，著名的徐蚌會戰（淮海戰役）開打了，然而，戰局一開始就對國民黨政府不利，愈打愈不利。

我們還不過是蔣介石的外衛人員，某天有位侍衛官和我們聊天時，強調這段日子，老先生不太高興，要所有的人員留點神，不要犯錯惹火了他。

原來，就在那幾天，有次，蔣介石滿面愁容地從黃埔路官邸，走出大門到外面散步，侍衛人員見他走出官邸，以為他要外出，就全部一擁而上，跟隨在他左右，蔣介石這時不禁勃然大怒，對那群侍衛大聲吼道：「我又不是犯人！那麼多人看著我幹什麼？你們統統給我滾！」嚇得侍衛人員臉色慘白，也不曉得老先生為什麼發脾氣。後來，大家一談才知道，因為戰事失利，情勢嚴峻到極點。

還有一回，他老先生怒氣沖沖地從黃埔路官邸走出來，一旁的貼身侍衛，趕忙為他遞上一頂禮帽，他滿面怒容地喝斥：「不是這一頂！」貼身侍衛見他火氣沖天，又不知如何是好。

同年十二月二十五日，李宗仁、程潛等人一致要求政府和中共和談，要求蔣介石下野；二十天後，毛澤東提出和談八條件，要脅國民黨要懲治「戰犯」，蔣介石名列「戰犯」之首，他的心情惡劣到了極點；一個星期以後，正式宣布下野。

他宣布下台的當天下午，輪到我在黃埔路總統官邸，站下午到晚上的衛兵。上哨的當時，我就覺得那天官邸的氣氛有些非比尋常，偌大的官邸，平日車馬喧囂，這天，居然連一個人影也沒見到，確實讓我們十分納悶。

到底蔣介石和一干黨政要員，如今都跑到那兒去了？我和同僚一邊輕聲嘀咕著，一邊相約下哨後要悄悄去探個究竟。

我們下哨後，偷偷走近一看，這才發現，居然堂堂中華民國行憲後的第一任總統，卻這樣落荒而逃、無影無蹤，讓我們頗為錯愕與徬徨。難道國是已經到了這樣不可為的地步，必須一走了之嗎？

下哨之後不一會兒，約莫晚上八點多，大隊吹起了緊急集合號音，上面的命令我們立刻打包行李，全隊連夜趕搭火車，到某個重要地點，執行任務，至於到什麼地方、執行什麼樣的任務，長官完全沒有明確交代。

到了火車站，我們才隱約知道，目的地似乎是去杭州或者是老先生的故鄉奉化溪口。我們第一隊全體官兵，在南京下關坐火車，先到杭州，而第三隊，則是從湯山，也就是中山陵外一處蔣介石的行館，搭乘汽車，一路到溪口。

直到幾天之後，我們才正式得知蔣先生已經宣布下野的消息。最初一、二天，大隊上下，除了少數幾位高階長官，差不多全部被蒙在鼓裡，更不知道蔣介石到底是跑到什麼地方去了？我們因為長期以來的職業訓練，也沒有任何一個人敢去問什麼消息，以免遭人懷疑，被治以重典，只敢在私底下胡亂猜測一通，部隊也因此籠罩在詭異氣氛當中。

早在一月二十一日，蔣介石宣部下台前幾天，我們隊上高級長官就已經接到指令，要他們做好隨時移動防地的準備，所以，那時已經有人接奉命令，悄悄把軍火庫裡的槍枝彈藥裝箱完畢，準備隨時移防。

行動當天晚上，大家死命把那幾十箱「軍火」扛上火車時，卻有幾個粗心的同志，大意弄翻了一箱「軍火」，夜暗中，只聽見一聲「嘩啦啦」，一整箱亮晃晃的袁大頭銀元，傾覆在火車站月台上。那一大箱、一大箱的銀元，其實是「總裁溪口辦公室」的辦公經費。

這時，我們才覺察到原來蔣介石已經預見局勢不可為，準備先躲到溪口避避風頭，以便伺機而動。而我們，就是趕去溪口，幫蔣介石打前鋒的。

據說，就在我最後一次在南京總統官邸站崗那天中午，侍衛人員剛剛伺候蔣介石吃完中飯，他就緊急命令大家動身離開南京，開赴溪口。

那年，我不過是個十九歲的大孩子，從入伍接受的就是國民黨那一套軍事政治教育，想到的只有效忠黨國、為領袖賣命效死，總覺得只要領袖還在的一天，國家就會有希望，所以，到什麼地方，當時都不會有任何怨懟。

大部隊到達溪口之後，上級對部隊的兵力部署，早已有所安排。

原本駐守黃埔路官邸的第一隊，暫時駐守溪口的雪竇寺；第二隊駐守白岩廟；第三隊守在東澳；第四隊守蔣家的墳莊；第五隊的防地則是蔣家的核心，也就是豐鎬房。

這裡面，除了守豐鎬房的第五隊，原本就一直駐留在那裡之外，其他的四個隊，全部都是從南京趕去的，另外還有一個第六隊，暫時留在南京，保護李宗仁等要員；總統府警衛大隊可說是精銳盡出，而且是跟著蔣介石這個已經下野的總統走，當時沒有任何人敢質疑，為什麼一個已經卸下職務的前總統，還能以「國民黨總裁」的身分，指揮調動六分之五的總統衛隊兵力？跟隨他回到自己的家鄉，而且還押運了大筆的黃金、銀元以及軍火武器？

在當時那樣的環境中，又有誰敢問那樣的問題？所以，大家只有以一貫的愚忠，繼續為蔣先生效命馳驅。

第五節　伴虎

溪口的日子，異常平靜。蔣先生很清楚，這次回鄉，怕是他最後一次了，加上國事蜩螗，他情緒高低起伏是可以理解的；這段時日的侍從人員，個個膽戰心驚，深恐稍一不慎，就招惹一身禍事，但是，即使大家再怎麼小心翼翼，還是不免在無意之間，惹蔣先生大發雷霆。我也是在溪口，頭一回領教蔣先生的脾氣。

記得有一天，蔣介石住在墳莊，侍衛官和警衛主管，睡在蔣先生房間外的一間小房間裡，另外還有一個副官晚上緊挨著門睡，以備蔣半夜臨時呼喚時，能夠很快應答。

那天半夜，蔣介石睡到一半，就被一種聲音吵醒，輾轉反側、左翻右翻，蔣介石怎麼都睡不著。清醒之後，他才知道是門口警衛在打鼾磨牙，不是什麼怪聲音，可是，偏偏這種有規律的鼾聲，根本讓他沒法繼續入睡，一氣之下，蔣介石衝出堂屋，原來是一位侍衛官有夜睡磨牙的習慣，而另一位副官，則是一入睡就會打鼾，蔣介石不分青紅皂白，就開口咆哮：「你們這些人全部給我滾蛋！吵死人了！」

第二天以後，只要是輪到這二位隨從人員值夜，就寢時，一定記得在自己的嘴巴內塞條毛巾，不讓自己的鼾聲和磨牙聲，再把情緒不佳的老先生，從睡夢中吵醒。

那時，我才深刻體認到為什麼人家會說「君王榻前不得有鼾聲」。

蔣介石的侄子蔣孝鎮經常和我們半開玩笑地說：「我的頭已經不知道被先生砍了多少次了，可是，我的頭每次被砍，最後都會自己長出來。」

蔣孝鎮打從北伐時代就跟隨蔣介石，南征北討，走遍了大半個中國；西安事變的時候，亂軍向蔣介石的憲兵衛隊開槍射擊，蔣介石慌亂中由蔣孝鎮背著翻牆逃走，慌忙之間，老先生根本沒來得及穿鞋，迫不得已，蔣孝鎮脫下自己的鞋子，拿給蔣先生穿，兩人一前一後，各自向前跑，跑進一處樹林子時，地上布滿荊棘，扎得蔣孝鎮兩腳血肉模糊。

事變結束，蔣孝鎮住在南京的軍醫院好幾個月才痊癒出院，對有救命之恩的自家人尚且如此，何況是一般的侍衛人員。只不過，蔣先生口頭上雖然動不動要砍人家的頭，可是，我們從來沒有見到有人因為惹惱了他，而果真被他砍頭的。

所以，蔣孝鎮始終把這件事當作笑話在講，也從來沒有人對此認真過。

倒是有件因為老先生和侍衛之間方言差異，而引發的一則笑話，在我們侍衛圈子裡廣為流傳。有一回，蔣先生走出官邸，不自覺地摸摸口袋，發現侍從人員沒跟他準備手帕，他就對著身邊一位四川籍的侍衛人員說：「去跟我拿塊絹頭來（按：寧波話絹頭即是手帕的意思）！」那位四川老鄉沒聽懂老先生的話，以為蔣介石要他搬一塊磚塊，就連忙跑到路邊撿了塊磚塊拿去給蔣介石，老先生見到之後，不覺莞爾，知道是侍衛沒了解他的話，一旁的浙江籍侍從人員才提醒他：「先生要你去拿條手帕，不是磚頭，是絹頭！」

時局讓人有種窒息的感覺，然而，蔣先生的日常生活，還是和往常一樣，維持他一貫的勤儉自持的風格。

我還記得，在溪口小住的時候，蔣先生要大廚為他做了一道梅干菜扣肉，光是這道菜，老先生就吃了一個星期。

那時，我們的月薪是一元銀元（袁大頭），經費來源全部是來自我們從南京扛來的那幾口木箱子。當然，我們後來知道，這些錢都是中央銀行總裁俞鴻鈞從國庫裡頭，設法撥出來的一筆經費，這幾箱子袁大頭，提供了蔣先生在溪口指揮全國軍政事務的所有辦公費用。

第六節　特務大隊的來由

六分之五的總統府警衛大隊兵力，調到小小的奉化溪口之後，俞濟時他們還是對蔣介石的安危缺乏安全感。事實上，在一九四九年以前，溪口山區，便經常有土共出沒，這也是蔣介石要俞濟時將警衛大隊所屬的第五隊，派駐在蔣家祖墳墳莊的主要原因。

而自從蔣介石退隱到溪口，俞濟時深恐土共和共產黨結合起來，直接插入溪口的心臟地帶，便會嚴重危及蔣介石的安危，所以，等五個隊的兵力全部安置妥當，俞濟時立刻要國防部，把已經被調到部隊當副軍長的樓秉國，再調回溪口擔任警衛主管，然後在五個隊裡每一隊各挑選四位衛士，一共二十人，組成一支便衣組，在第四隊控管之下，駐守墳莊，加強內衛勤務之不足，成為侍衛部隊的「中衛」。在「中衛」的內部核心，有資深的侍從人員，隨侍在蔣先生周圍，成為領袖的「內衛」；而在最外圈，尚有環伺在四周的第一、第二、第三、第四、第五隊，分別戍守在溪口的雪竇寺、白岩廟、東澳、墳莊、武嶺學校和豐鎬房等據點，形成「外衛」，層層保護。

由於，蔣介石當時已經沒有總統的身份，他在溪口成立的辦公處所，名曰：「中國國民黨總裁辦公室」。如今，我們保護的這位領袖已然不是中國的總統的話，那麼，他的侍衛組織自然也不能再稱之為「總統府警衛大隊」了。於是，俞濟時把它改名為溪口總裁辦公室的「特務大隊」，這個大隊仍舊維持原先的六個隊的編制，隊長也和原來一樣，第一隊隊長是軍校十六期的馮孝本；第二隊隊長是呂其廣；第三隊隊長是毛趙壁；第四隊隊長是唐茂昊，他們都是軍校十六期的同學；唯獨第六隊隊長王曜升，是軍校十七期的，在溪口的五個隊長之中，有馮孝本、呂其廣、唐茂昊三人是蔣介石的小老鄉奉化人。因為隊伍名稱的改變，我們侍衛人員的職銜，也改稱為「特務員」。

我是在溪口被分遣到便衣組，擔任便衣任務，從這段時間起，我就開始和大隊脫離，一直到台灣，我都是被分遣到個別的工作崗位上做事。便衣組自始就是直屬總裁辦公室第八組配屬下接受指揮，受到當局相當大的重視，因為我們慢慢接觸到更核心的人、事、地、物，所以，保守機密便成為我們最起碼的工作原則，我平時就不太愛亂說話，這大概是我能夠被挑中便衣組的一個原因。

第七節　退卻

國民黨在大陸的敗退速度，是相當教人吃驚的，許多國民黨要員紛紛找空隙，向台灣「轉進」。這時，連蔣介石最親密的「達令」——宋美齡，在蔣先生下野時，也跑到美國「求援」去了。不管宋美齡是抱著什麼樣的心情去國，也不論他們夫妻之間，到底有什麼共同的默契，平日如同眾星拱月的蔣介石，如今孤零零一個人在溪口沉思對策，滿目淒然，不勝感傷。

在承平時期，蔣先生出門，一向是有好幾隊的衛士和他周圍的核心侍從，隨侍在側；但是，自從引退到溪口以後，他每次到各地視察軍務，都只帶了他的一組貼身侍從。有時候，即便我們便衣組這樣的「中衛」，都被他摒除在外，可見他那時行蹤的保密程度，我們多半是事後才曉得他老先生的行蹤。

蔣先生從溪口撤退以後，他的行動路徑，大體上是先到上海，再依序是到台灣、廣州、重慶、台灣、廈門、台灣。除了台灣以外，有人說，一九四九年只要是蔣先生去過的地方，沒有幾天就被共產黨「解放」了。這話雖然聽起來像是一句玩笑話，可是在那個危急存亡的關頭，聽來是多令人感慨而恐懼啊！

特務大隊接到上級撤退命令，我們在寧波搭船，先到澎湖上岸，上級要便衣組在澎湖的前日本海軍招待所駐防，等蔣先生到來，其他的特務大隊人馬，則在俞濟時的命令下，先到花蓮待命，準備隨時反攻回去。

在大陸撤退時，便衣組的任務是隨護蔣先生，補充侍衛人員勤務之不足，而臨時編組成立，只要他有可能去的地方，我們就要在他到達之前先到，布置安全任務。

不久，蔣先生要在中央政府臨時辦公地點的廣州，和代總統李宗仁晤談，上級特地在基隆徵用了一艘民船「華聯輪」，準備供蔣介石到台灣。為此，上面還為便衣組人員在廣州替每人訂做一套新的中山裝，另外也為每人買了一雙新皮鞋。

但是，形跡詭異的蔣介石，並沒有依計畫坐這艘民船撤退到台灣，這艘船又原船開回台灣。後來我們才知道，蔣介石和李宗仁面談之後，就直接乘飛機到重慶，離開重慶時已相當危急，在緊急狀態下乘機離去。

我們便衣組最後曾經奉命到廈門鼓浪嶼待命，準備他會去那邊住上幾天。可是，這回我們又是撲了一個空，他在廈門開完幹部會議以後，就直接回台灣，廈門隨後就解放。蔣介石最後一次踏上大陸土地，是到四川的成都和重慶。自此，他從未再登臨大陸斯土，蔣介石的大陸統治時代正式告終。

第二章

揭開太子時代的序幕

第一節　孫立人「兵變」，俞濟時貶官

中國歷朝歷代的史實告訴我們，太子繼承大統，總是會有一些血腥事件發生，畢竟，太子有太子的人馬。而且，若是太子的權威既經老皇的認可，他自然得先做出一番成績出來，讓老皇覺得不負所託，這才有可能讓老皇心甘情願地把天下拱手相讓。俞濟時，這為出身黃埔一期的侍衛人員老長官，就嚐到了太子接班的苦果。以俞濟時在蔣介石侍從室的資歷和成就，相信是沒有人可以否定他的成就和辛勞的。

我記得還是在蔣先生引退溪口的那段時日，我在溪口守衛墳莊，每天晚上，總是可以看見個頭矮小，穿件長布褂或一套中山服的俞先生，不時獨自一人到每處崗哨巡查一圈。要是有人值班時擅離職守或是不負責任，輕者記過扣薪，重者立刻調單位，絕不寬貸。

儘管要求嚴格，平日待便衣人員總是很親切，從他平日一言一行觀察，我覺得他對領袖始終是忠心不二，所作所為，也都是為了替蔣介石盡忠，可是，當國民黨撤退到台灣以後，他在侍從室的崇高地位，卻因為一些令人難以置信的事件，受到根本的動搖。

特務大隊撤台之初，在俞濟時擘畫下，所有五個隊，有四個隊派駐在花蓮，俞濟時的理由，是為了隨時準備反攻大陸。花蓮是台灣少數幾個比較隱密的海港，是最適合像特務大隊這樣的侍衛單位，閃電移轉防區的港口。

我們便衣組人員，歸直屬總裁辦公室的第八組管轄。初到台灣，我們駐防在桃園大溪的中山堂，所謂中山堂，其實不過是一間很普通的日式建築。一九四九年七月間，蔣介石訪問菲律賓，那時他就住在這裡；他去菲律賓，俞濟時帶了一小部分資深侍從人員陪同前往。

但是，等到蔣經國擺出接班架式時，俞濟時還不知道自己已經身處危境。一九五一年，蔣經國正積極籌備政工幹部學校，但是，太子急需一批馬上可以派上用場的人馬，他第一個就想到俞濟時手下的侍從室年輕人員，這是蔣經國打的如意算盤，他希望把年輕一點的侍從人員，變成幹校第一期的學生；如此既不必花太多精神作人員訓練，況且侍從人員沉著冷靜、見多識廣，蔣太子早就垂涎這支訓練精良的隊伍，沒想到俞濟時一口回絕蔣太子：「蔣總統的安全最重要，一旦侍衛人員給你調去幹校當學生受訓，那麼官邸的安全勤務誰能負責任？」

一九五五年六月初某個晚上，一個十分離奇的事件發生了。

俞濟時晚上在家擦拭自己的配槍時，突然發生了槍枝走火事件，他的大腿被子彈擊傷。偏偏第二天上午，在南部有一項由陸軍指定單位參加軍事演習，蔣介石要親自前往校閱。依照慣例，只要是蔣介石在的任何重要場合，俞濟時一定會事必躬親，親自前往督導警衛安全事宜。可是，他這麼一受傷，自然不便前往，不巧的是，那天夜裡，蔣經國的政工特務，卻宣稱提前破獲了一個有軍人和外國勢力涉及的「叛變」計畫，當晚部分演習部隊隨即緊急調換。據說，當天演習部隊的大砲砲口，是朝向司令台的。於是，特務的箭頭指向了「孫立人對領袖圖謀不軌」。

孫立人和他的許多幹部被捕，準備接受軍事審判。孫立人案，許多人認為它是一樁政治冤案，是有關方面蓄意打壓這位傲岸不群的少壯將領；但也有跡象顯示。他和美國的政變陰謀有微妙的關聯。

不管孫立人是不是冤案，孫案怎麼會和俞濟時扯得上干係？當下不但俞濟時自己弄得一頭霧水，蔣經國也未必有足夠的證據，去證明俞濟時和孫立人是一夥的。可是，演習當天，俞濟時沒有和往常一樣，親臨現場指揮侍衛人員佈置安全，卻是個不爭的事實。即便他和孫立人不是站在一條線上，至少他的缺席啟人疑竇，因此被特務機關冠上了欲加之罪，而蔣經國則是在老先生的耳根子旁邊吹吹風，俞濟時便被狠狠地參了一本。

「天下那有這麼巧的事情，什麼時候不好槍枝走火，偏偏您第二天一大早就要去校閱演習的前夕，發生槍枝走火。更不可思議的是居然還打傷了大腿，您看這合情理嗎？是不是要藉故不到會場，故意使出的一計苦肉計？……」

蔣介石、宋美齡夫婦一向對俞濟時信賴有加，俞濟時忠心耿耿跟隨蔣氏夫婦幾十年，鞍前馬後，效命驅馳，披星戴月，人們是有目共睹的。

俞濟時早負清譽，當過杭州保安司令，那時，地方父老都把他當作是包青天一樣看待；還當過八十六軍軍長，部隊駐在壽昌時，家父還為他高堂老母看過病。我記得那時自己還小，父親在為俞的母親診治痊癒後，俞還叫副官送了一把手槍，要給父親當作紀念品。父親頭一次見到槍，立刻又親自把那把槍送了回去，從這點可以看出，俞濟時是一個強調知恩圖報的人。

抗戰勝利後，俞濟時任軍務局局長，他刻意培植了一批個子矮小、精明幹練的衛士以及少、中尉級青年軍官，派到各地戰地指揮官的身邊，充當領袖在各個軍事指揮官身邊的耳目，只要一有什麼風吹草動，這些青年軍官一定向他回報消息。所以，他無異培養了一批軍中情報員，專門監視各戰地指揮官的忠誠與動向。

從國共戰爭的結果來看，俞濟時這一招並沒有發揮到比較大的作用，可是，他畢竟強化了國軍部隊中的政工力量；然而，他的這個作法，也招致了外人批評的口實，例如說他藉此培植自己的勢力等等。

憑藉著他是老先生的黃埔一期門生，又是奉化同鄉，老先生對他長年的奉獻堅信不疑；在宋美齡方面，對俞的信任更有過之，有人甚至認為俞是「夫人派」。

父親畢竟相信自己兒子，兒子能夠運用自己培植的力量，破獲孫立人案，讓美國人的陰謀落空，兒子的功勞厥偉，自然對他言聽計從。

老先生的個性就是這樣的極端化，他對一個人的好惡是非常分明的，這次的事件後，俞濟時從此被迫遠離侍從室核心領導地位。但是，蔣介石還是給他安插了一個上將銜的國策顧問，讓他至少有一張冷板凳可以坐。

俞濟時不再插手侍衛人員的決策之後，官邸的大小事件，就全部由總統侍衛長一個人全權負責處理。

當時令人不敢置信的是，俞濟時被蔣介石父子削去權力後，蔣經國有時遇到俞氏，卻是神色自若，非常親切，好像兩人之間從來沒發生過什麼事情似的。蔣經國的城府之深，那時我們總算領略了一二。

第二節　士林官邸庭院深深

蔣介石在大溪住了很短一段時間，就搬到後草山官邸。那裡原來是台糖的一處招待所，蔣介石很喜歡陽明山的氣候和環境，後來，由陽明山管理局在後山公園頂上又蓋了一幢「中興賓館」。待這處簇新的賓館落成，蔣介石才將台糖招待所交還回去，而「中興賓館」則是他的避暑別墅。等到一九五〇年三月一日，蔣介石宣布「復行視事」，重新坐上他原本在一九四九年元月間辭去的總統寶座，他便堂而皇之地住進了總統士林官邸，開始他在台灣最安逸的二十六年歲月。

士林官邸老建築的部份，日據時代是園藝試驗所的房舍。光復以後，再由東南長官公署加蓋一處款待外賓用的招待所，經過幾次修葺，才有後來的規模。

在建築形式上，士林官邸是一棟二層樓的鋼筋混凝土建築，但是，它的樑、柱等主要結構部分，則是當時台灣還比較罕見的ＲＣ鋼骨結構。

為了達到防空隱蔽的目的，官邸外表全部油漆成和附近山色同一色調的灰綠色，不但兼顧了建築安全，還顧及了官邸隱密的特性。

在地形上，士林官邸被福山山系整個環抱著，但是，它的腹地卻十分空曠。這在軍事地形學上來說，是個易攻難守的地方，所以，總統府方面為了顧及蔣介石和其家族的安全，從蔣先生搬進士林官邸住的第一天起，就計畫將這個官邸要塞化。

可是，要塞化畢竟不能在官邸裡面搞，怕會影響老先生生活，於是，便沿著福山，把整座山作為要塞化的基址，意圖把官邸附近地區，部署成固若金湯的陸空防禦要塞。同時，在作戰緊急時期，也是全國的作戰總指揮所。換言之，只要戰爭發生的話，蔣介石會被我們這些侍從人員，從士林官邸護送到距離官邸不遠的福山指揮部，由他在這個地下建築工事中，指揮全國的陸海空軍對敵作戰。

蔣介石住進官邸之後不久，一個裝甲兵排進駐了福山山麓。根據當時的敵情研判，中共已經擁有最先進的米格噴射戰鬥機，當局擔心的是大陸方面對台灣實施空降登陸，官邸安全也有這方面的顧慮，所以，這個戰車排，基本上是基於反空降的考慮；而為了強化官邸的「外衛」兵力，當局又加派了一個憲兵營，駐紮到福山，後來才由憲兵司令部成立了一個福山指揮部。

在憲兵進駐之前，僅只有我們這些「內衛」人員，負責蔣先生的安全，所以，這也難怪俞濟時當初要極力反對蔣經國抽調我們受訓的計畫。試想，假如我們的人去幹校受訓了，老先生的「內衛」安全，要去哪裡找到有經驗又值得信賴的人接替？當然蔣經國可能也有他的觀點和想法，這或許不是我們所能設想的。

隨著大陸時期的承傳，蔣介石周圍的安全工作，分為內中外三層警衛圈。

我們內衛人員之外，情報局編制下還有一個特別警衛組外勤組織。在蔣介石每次出遊前，就已經事先把行進路線上各種可能的狀況，先遣部署，並且做了事前安排；後來還加了一個警官隊，強化外衛人力配置。

因此，蔣介石這時的安全防護，簡直有如古代的皇帝，真是滴水不入。他一出巡，先是福山指揮部的憲兵派出一個連，全副武裝趕到蔣介石預定到達地點。同時，情報局的特別警衛組和警官隊人員，和沿線軍警配合部署了綿密的警戒網，等我們護衛著領袖走出官邸大門，所有的軍憲警安全部署，已經完全就定位。

我們便衣組，雖名為便衣組，可是，還是有火力配備；沿襲了大陸時期的標準配備，我們便衣人員每人都有一支卡賓槍，外加二把白朗寧手槍，侍衛人員是二支手槍，還配備火力強大的重武器。隨扈出行時，通常用一只長葫蘆狀的黑箱子，把長槍裝在裡面，擱在機動車輛上，遇有緊急情況，才拿出來使用。

因我們平時都是按規定穿著中山裝，如果隨時隨地要配槍，身上總是會鼓起一塊，十分不雅，如果再背桿卡賓槍在背後，更不舒服，所以大家並不喜歡。可是在保護領袖的大前提之下，大家對這點小事，從來沒有任何怨言。

第三節　太子結黨情治整合

在蔣介石復職總統不久，蔣經國經過他父親的授意，開始整頓國民黨的情治系統。蔣家父子非常清楚，情報組織是一個威權統治的國家不可或缺的控制工具，而且，大陸會垮得那麼快，他們父子倆總是認為，如果有一個更有效的情報系統，情況應該不會這麼糟。

蔣介石把整個情治系統的任務交給蔣太子去執行，可以凸顯兩層意義。第一，就是把特務系統的權力重新收回來，歸蔣家人自己掌控；第二，可以重振特務系統軍心。

戴笠搭飛機失事遇難之後，國民黨情報組織立刻陷於一片混亂。戴笠領導軍統局時，一向是單線領導，所以，他意外死亡，軍統局內沒有人能夠立刻接替他的工作。他的繼任者毛人鳳，以前不過是軍統局的主任秘書，他對局內的行政事務固然瞭若指掌，可是，他根本搞不清楚當年戴笠到底布了哪些線在大陸各地。因而，毛人鳳接掌軍統局的時候，軍統局已經失去許多原有的情報線索，加上適值國共內戰方酣，又遭逢戴笠亡故之巨變，軍統局更是瓦上添霜。

據說，當時比較清楚戴先生單線領導內情的人，像毛森就是一位優秀的軍統局骨幹，可是他卻脫離了團隊，跑到國外，當起寓公來了。

對中共的情報作戰，會一敗塗地，這也不是沒有原因的。既然要反攻大陸，蔣介石自然不願見到昔日的軍統局就此潰散，他急需在最短時間內，將這股已經分散的力量重新加以凝聚。

新人新氣象，「八勝園」就是在這樣的內外環境下誕生。

「八勝園」是以座落地點一幢日本平房為名字的神秘情報單位，其實就是現在的國家安全局的前身；當時，是以總統府資料室的名義成立的一個神秘單位，作為當年蔣太子大刀闊斧整頓情治系統的司令部。

蔣太子這個人做事有一個特性，就是永遠是神神秘秘，讓人猜不透他心裡究竟是在想些什麼。

蔣太子在陽明山通往北投的公路盡頭處，找到一處有高牆環繞的大幢日式別墅，然後由總統府徵收以後，作為他的指揮部，這幢房子取名「八勝園」，寓意八方勝利。

辦公室成立不久，我和其他四個便衣，就被上級從士林官邸調到「八勝園」服勤務。

我們去「八勝園」時，這個單位剛剛成立，因為上面並沒有告訴我們，這個新單位到底是個什麼性質的部門，一直到自己去那裡報到，工作了好幾天，才慢慢清楚「八勝園」的內情。

表面上，「八勝園」的主任是張師，但是實際幕後操縱且握有實權的，就是蔣經國。在蔣太子的號召下，不論是軍統或是中統出身的情報頭子，全部匯集在「八勝園」；我就親眼看到不少當時國防部第二廳，也就是情報次長室的一些上校處長級老情報員，以及老軍統出身的一些國大代表、立法委員等要人，三天兩頭地往「八勝園」跑。這些人當時不過三、四十歲。他們的行色總是神秘兮兮的，不是開會，就是三五成群在討論什麼神秘的事情。其實，說穿了，無非是在研商如何整合渙散的情報系統，能夠在蔣經國的領導下，萬法歸宗，融合為一。

另一方面，來台之初，蔣介石要國民黨改造。在改造的過程中，蔣經國也把原來國民黨所屬的中統系統，納入「八勝園」的情報組織整合範圍。例如張炎元、葉翔之，以及原屬軍統後來調任為國民黨中央委員會秘書長的唐縱等人，這些人和軍統系統的鄭介民等人一樣，對蔣太子的招安，可說完全臣服其下。這些人相當清楚，蔣經國是代表蔣介石在做情報系統的重整工作，更何況，從蔣經國積極參與黨的改造，並且把CC系統逐出權力核心，已經足夠說明，蔣介石是要把領導班子的棒子交給蔣太子。

第四節　風蕭蕭兮易水寒

「八勝園」原先就有寓意匯集八方志士，戰勝敵人的意思在裡面；可是，情報工作並不是光憑藉著意志力就可以所向披靡的。

一九五〇年代初，政府對大陸敵後不斷派遣諜報人員，經常派飛機空投給養。為了維繫對大陸情報的艱難工作，國民黨的特務機關在蔣經國的指示下，於台北近郊的淡水開設了一個訓練班，專門培訓各級敵後專業諜報人員。

這些受訓學員，主要來自各個部隊的優秀骨幹，在淡水受短期訓練之後，國防部就把他們的兵籍資料全部塗銷，然後以空投或是海上登陸的方式，把結訓人員送到大陸。

這些人在出發以前，照例要由蔣介石親自接見，然後，上級特准他們一個星期的休假，讓他們吃喝玩樂輕鬆一段時間，再送他們上路。

中共是靠諜報起家的，他們占領了大陸以後，實施嚴格的戶口和民防管制措施，加上遍布全大陸的情報網，任何企圖滲透進入大陸的外地人，幾乎很難逃過大陸的安全系統。所以早期進入大陸的我方情報人員，不是被捕，就是形同死棋。

我在便衣組的一位同仁鄭君，浙江人，他就是被派到安全局電信班受訓，受完訓，不久就去大陸出任務，可是一直沒有他的一點消息，我們後來也不知道他的情況。聽說，他雖然沒有被大陸方面逮捕，可是始終沒有機會把情報發回台灣，等於和安全局失去了聯繫，可見大陸的嚴密控制是滴水不漏的。

有關方面清楚光是我們自力更生，不是辦法，於是想到結合外國的經驗與資源和美國合作。

最著名的例子，國民黨當局和美國中央情報局，合作成立的「西方公司」，即是為了搞情報合作，而成立的一個「公司」，美其名為「情報合作」，其實不過是協助美國扼制中國、蘇聯。

在蔣介石授權之下，國民黨的特務組織全部在蔣經國手上一統江山。台灣的特務機關儘管較過去更為疊床架屋，在蔣經國的統領下，疊床架屋反而更能凸顯蔣經國的無上權威，這也更預示著蔣太子時代，已經悄悄降臨。

第五節　長安東路十八號

一九五〇年年初，一通電話打到草山官邸，要官邸支援四個便衣人員，到長安東路十八號報到。我起先並不知道長安東路十八號是個什麼地方，只知道蔣經國前一天正式從台中搬來台北了。隨後，我匆匆收拾簡單行囊，和其他三位到指定地點報到。

長安東路十八號，可以說是蔣經國來台以後第一個官舍；早先，那棟日式房舍，不過是華南銀行董事長的宿舍，後來，總統府通知華銀，說這棟房子總統府要徵用，就這樣直接撥給蔣經國一家人住。日據時代，台北市的一條通到十條通，可以說是日本高級官員的豪華住宅區；即使到了光復以後，這一帶還是很優雅的高級住宅區。

蔣宅內有座大院子，大概也有個幾百坪大小，房子的部分倒是沒有多大，建築是日式平房，整體結構呈一個「L」型，除了廚房、餐廳，共有四間臥房。蔣經國夫婦住一間大間的，其他三間則是孝文、孝章兄妹各一間，孝武、孝勇兄弟合住一間。另外，像蔣經國的堂兄蔣永發在他家當廚師、管家汪媽、孝勇的護士奶媽，都在旁邊角落有各自的小房間，而我們便衣人員則住在前院汽車間前面的小房子。所以，大體上說起來，蔣經國一家六口，加上我們這些工作人員，住在長安東路十八號，還算是很寬敞的。

剛剛搬進長安東路，蔣經國的經濟情況相當拮据。最早，他還沒有什麼正式的職位，所以，談不上什麼收入。有好一段日子，蔣介石必須按月給蔣經國五千元台幣，逢年過節還要加些補貼，才可以幫兒子度過一段沒有薪給的時期。後來，蔣太子當了政治部主任，又是青年反共救國團主任，收入便逐步豐厚起來。但是，蔣經國家裡一直過著相當儉樸的生活。

就以蔣經國家裡的早餐來說，餐桌上經常是一鍋泡飯，菜色則是一塊豆腐乳、一碟花生米、兩片鹹鴨蛋；中飯，經常煮鍋羅宋湯，一吃好幾天。穿衣服，蔣經國更是節儉，早年連一套西裝都捨不得做，他常見的幾條褲子都是他穿了好幾年的舊物，我跟隨他多年，坦白說，蔣經國在清廉自持上，是絕對沒有話說的。那時，他的太太蔣方良，生活也是過得非常簡單，到蔣經國有了官職，她才偶爾到台北衡陽街的綢布莊去買些布料，做些衣服給自己和家人穿，有空閒的時候，她還會去看場電影，全家上上小館子。至於外面有人說她喜歡打幾圈家庭麻將，則完全是子虛烏有，至少我們從來沒看過，也沒聽說過。

日常上班，蔣經國是坐一部一九四七年份的美國別克汽車，司機是從空軍總部調來的李士官，蔣方良的座車是輛英國奧斯汀小車，司機是從安全局借調來的鄔先生。

我們四個便衣衛士剛到長安東路蔣宅時，蔣經國的四個小孩中，孝文插班到淡水的私立淡江中學，念初中部，平時住校，要到星期六才由我們派車把他從學校接回來；老二孝章當時念小學；孝武不過三、四歲光景；而老么孝勇才一歲左右，剛剛在學走路。二個小男孩特別調皮可愛，我們幾個衛士也滿歡喜逗弄他們兄弟玩的。

除了三男一女以外，蔣經國和蔣方良夫婦還認養了一名義子，名叫邱明山。他和孝文同年，最早二人一起上淡江中學，也由我們侍衛人員和司機老李負責接送。如有二人一起在外鬧事，邱明山總是代孝文受過。中學畢業以後，考上基隆海專。第一次結婚的時候，還是蔣經國夫婦證婚的。邱明山因為蔣經國的關係，曾在輔導會做過事情，後來聽說因為交了壞朋友，並且犯罪坐牢，蔣經國對他非常不諒解，宣布和他脫離關係，連戶籍也被從蔣家註銷。因為邱明山這個人經常覺得自己身分低微，跟蔣家保持距離不願過分接近，雖然名義上是蔣經國的義子，可是他卻很少踏進蔣經國家的客廳，多半時間反而是窩在我們衛士值班室，和我們有一搭沒一搭地聊著。之後，我們也不知道邱明山究竟流落何方去了。

蔣公館的生活基本上過得十分平靜。最早，常常到蔣家作客的，包括空軍總司令王叔銘、「八勝園」的主任張師、國大代表嚴靈峰、立法委員王新衡等人。這些人多半是蔣經國到俄國讀書時的同學，或者是那個時期的舊識；太太們則有明星花露水公司的老闆娘（名字已忘）、王叔銘太太、之後任職輔導會主任委員趙聚鈺太太、空軍情報署衣復恩太太，這些官夫人經常會來蔣家看看方良女士，大抵都屬於談天聯誼性質。

若干年後，蔣經國平步青雲，官愈做愈大，常來官邸看蔣經國的朋友，反而為了避嫌，除了少數幾位摯友，多半減少了往還的次數，蔣經國的朋友也逐日減少。

到蔣經國長安東路官邸不過一年光景，卻因為一件意外的糗事，使我們被迫提早調離蔣經國家。

在經國先生家服勤，我們的慣例是平均每二個小時，值班人員要在四周巡邏一遍，平時大家都保持很高的警覺。但是，四條通一帶，治安一向很好，日久同仁就逐漸鬆散下來。有天夜裡，輪到某位同仁值班，他可能一時失神，不知不覺睡著了。結果，有個大膽的小偷，竟然破壞了木條做的外籬，侵入官邸行竊。這個膽大包天的竊賊，居然偷走了蔣經國女兒孝章的進口飛利浦牌自行車，然後再把官邸廚房掛的一根火腿偷走，再順手牽羊拿走我們侍衛人員的皮鞋。

第二天，家人發現再向蔣經國報告，他不禁火冒三丈、大發雷霆，要把我們四個人立刻撤換。這時我才領略到別人犯錯自己卻跟著「連坐」的滋味，但是基於同事之誼，我們又不便責備那位值班打瞌睡的同事。

官邸竊案，讓管區派出所大為緊張，一陣忙亂之後，警察終於逮到小偷。但我們已經調回士林官邸，接受新的任務去了。

| 第三章 |

走進蔣介石的世界

一九五四年春天，總統府三局局長施覺民，打電話到官邸給侍衛長，表示總統府缺一名內勤工作人員，希望官邸能夠甄派適當人選去遞補。在沒有人願意前去的情形下，上面覺得我的可信度比較高，在幾位長官商量以後，我被通知立刻前往總統府辦理到職手續。就這樣，我開始真正到老先生身邊服務，正式走近領袖的身邊。

第一節　「中正頭」

德國納粹頭子希特勒講過一句名言：「在傭人的眼裡，即使偉人也變成了凡人。」

這一生，我服侍蔣介石父子三十餘年，我也有和希特勒說的這句話一樣的感受。即使今天的政治環境丕變，強人時代已成過去，但對老先生，我卻有一份難以言宣的敬慕之情。

儘管，老先生只有受過私塾教育，後來到日本振武學校學習軍事，外表上感覺起來他不像受過什麼高等教育，可是他的漢學造詣很紮實，從我第一天踏入總統府，到他的身邊供職，我就覺得老先生是位心思非常細膩的人。非常喜歡字斟句酌，只要有國家慶典，需要有一篇訓詞文告，要以他的名義發布，這就是他最重視的時刻，修改文稿一句一字從不馬虎，斟酌得特別留神，甚至到了廢寢忘食的地步。通常，比較重要的文告稿子，是由老先生當面口述大意，秦孝儀則是一旁筆記下來，然後連夜趕好草稿，先給秘書長張群看過以後，馬上就送到老先生面前，再給他過目。

老先生像是中學老師似的，一篇文稿在他手中總要看上幾天，經常一有空就會拿起他手邊的紅藍鉛筆，把文書秘書秦孝儀起草、秘書長張群核定的文告稿子，左塗右抹、上圈下勾，折騰個老半天，字句斟酌，反覆思索，有時秦秘書會筆直地站在一邊，等待老先生最後文章的定稿；秦孝儀為了一篇文告，經常必須連夜加班，只要老先生要發表文告的前夕，秦孝儀就不敢離開秘書室半步。

有時候，老先生臨時想到文告裡邊有個字，似乎辭義不妥，他常常會叫秦孝儀再把原稿拿回修改，甚至從印刷廠內抽回來，等老先生認為改得差不多了，他最後核定無誤才交代印刷裝冊，秦孝儀才匆匆拿著最後的定稿，交中央的印刷廠，告訴那邊的負責人說，你們印吧，明天一大早要用的，然後才敢開動機器印刷文告訓詞。

處理公文、信牘或是看書圈點眉批，他都從來不用原子筆，寫日記亦是如此，不是用毛筆就是用紅藍鉛筆。

第二節　開會哲學

當官的人都喜愛開會，因為可以一展官威；沒有人知道蔣介石究竟愛不愛開會，可是，至少我調到總統府服內勤勤務的時候，幾乎每天都有由老先生親自主持的會議。

一九五〇到一九六〇年代，老先生精神正好的階段，從星期一到星期五，可說無日無會。星期一是國民黨的中央常務委員會的預備會議，星期三是中常會正式會議，其他，星期二、四、五分別有宣傳會議、財經會議、軍事會議等都由他親自主持。

我在擔任內勤工作時，就聽說老先生在抗戰時期，主持開會所發生的一些傳說：例如，開會的時候，老先生經常火冒三丈、大發雷霆，當著眾人面前，疾言厲色責備將領。被他重責的將領氣憤之餘，便興起叛離之心。到了台灣以後，老先生畢竟是年紀大了，火氣沒從前那麼大，所以，他主持開會，再也不曾聽說什麼大發脾氣的事情。

老先生開會時，重視幹部有沒有專心聽訓（聽讀總統訓詞），也就是他自己的訓詞筆記，只要開會讀訓時，有人膽敢打瞌睡，被他親眼看到，那一定少不了有一頓鬍子好刮；每次開會，他總是不忘記帶兩副眼鏡，一副是老花鏡，另外一副是看遠的眼鏡，幹部讀訓時，他常常是一邊看訓詞，一邊用他炯炯有神的雙眼，打量著台下眾將官，看看究竟有沒有人趁著讀訓時，偷懶睡覺，假使有人打瞌睡，他是絕對不會寬縱的，一定在會議做結論時，當眾檢討這個人，所以日子久了，再也沒人敢打瞌睡。

人們誤以為老先生開會，都是談一些國家大事，其實有時未必盡然。我記得是老先生的么孫子孝勇，升上初中的時候，有次，老先生見到孝勇怎麼會剃個大光頭，就問孝勇，這是怎麼回事；孝勇十分吃驚地說：「阿爺你不知道啊，我們老師叫我們大家要理『中正頭』，就是要理光頭的意思，好像全台灣中學生都是理這種頭！」據說，老先生聽了之後，有些不高興，他不高興的原因，除了心痛孫子理光頭之外，他也對外人對他的「光頭」的誤解感到不悅。

我們因為跟隨他時間久了，知道他既不是光頭，也不是禿頭，而是因為他的頭髮非常細，只要長得長一點，他就會叫專用的理髮師為他修剪，一般人遠看根本看不出他頭頂還有「一層」細髮。當然，教育界人士大概是要討好巴結上面的人，故意創出一個什麼「中正頭」的名詞。

不久，老先生就在一次會議場合，相當直率地講出他反對中學生剃光頭的看法，他說：「你們很多人誤會我是一個禿頭或是理的光頭，其實我是有頭髮的，只是你們沒有注意罷了，我認為辦教育的，要中學生理光頭是不對的……」本來主張讓學生剃光頭，顯示全民「擁護領袖」的教育部官員，這下子馬屁拍到馬腿上，真是好不尷尬。

這些以犧牲中學男生頭髮來「宣誓效忠」的教育界官員，怎麼會知道，因為蔣介石的孫子蔣孝勇剃了光頭，刺痛了老先生心中痛處，而平白讓他們吃了一頓排頭。

第三節　召見官員

文告字斟句酌，讓人直覺他是一位十分守舊的人；而老先生在接見文武官員時，更有一套成規。

大部分蔣介石要召見的人，多是最近要調動職務的高級文武官員，召見前幾天，總統府三局的主管人員，早就把公文準備妥當。比如說，某單位要晉升一位首長，但有好幾位適當人選，通常有關單位會在眾多人選中，選出二至三個，呈報總統府，然後，由總統府三局安排總統接見這二、三位候選人員的時間，在召見當天，三局交際科人員就用毛筆寫妥一張大簽呈給總統，在總統上班前，一大早就交由我把這份公文擺在總統的大辦公桌上，在總統抵達辦公室之前，預備接見的人員，早已經由交際科人員帶領到總統府會客室等候。

等老先生來上班，並且在辦公室坐定，老先生打開有關的人事案簽呈，上面記載了今天要召見官員的相關年籍資料，這時，總統府武官知道，總統已經把召見人員的相關資料過目一遍，知道總統想要召見今天約定的人員了，就放開嗓門唱名，叫在會客室等候的待召見人員一一領進辦公室，這時，蔣介石通常是神閒氣定地坐在他的辦公桌後方，靜待被召見人員進辦公室，一旁的文書秘書秦孝儀、侍衛長二人也站在一邊陪見。

有的人因為是第一次見老先生，加上老先生有種令人望之生畏的威嚴，有的被召見人員臨場緊張，經常發生令人啼笑皆非的場面。

老先生的辦公室入口處，有一道矮門檻，高度約一寸左右，有的被召見人員心情七上八下，一見老先生就坐在正對面，一時不留神踫踼到門檻，當場就撲跌在領袖面前，搞得人仰馬翻不知所措。

老先生通常會和被召見人員閒話家常一番，例如他會問你貴庚啊？你寶眷啊？平時讀什麼書啊？有的被召見人員，不習慣老先生的口音，或者聽不懂什麼叫「寶眷」，怔在那兒答不出來，那就會影響他自己的成績和晉升的機會。有的人比較清楚老先生的個性，當他問起你平時看些什麼書的時候，受召人倒不一定要說什麼了不起的世界名著，只要說我最近在研讀領袖訓詞，老先生便龍心大悅，連連誇讚「好，好，很好」，此人已然成功了一半。

儘管老先生接見這些文武官員時，總是神情嚴肅，但是什麼貴庚、寶眷、看什麼書的問題，幾乎是任何人都會被問到的問題，至於一些別的問題，當然會小有差異。所以，當前面被召見人員先出來時，後面在等候的被召見人員就會很緊張地上前打聽，究竟領袖適才問了那些事情啊？

因為，老先生召見人，通常不過是三、五分鐘的時間，他喜歡從一個人的長相、氣度、神態和答話內容上，去決定一個人能不能賦予重任。所以，假如一個人平時表現再怎麼出色，可是設若當天晉見時，表現失態，老先生拿紅鉛筆在別人的名字上打了一個大圈，那就前功盡棄了。

第四節　色厲內荏

侍衛圈子流傳著許多關於蔣介石責打部屬的傳聞，一個在我們這個圈子最著名的故事，就是抗戰時期，老先生用他的拐杖，敲打一位「衛兵頭」的往事。在他的眼裡，所謂長官，不過就是個管衛兵的頭頭，因而他一向叫他們「衛兵頭」。

對他比較熟悉的部下，知道他要是火惱至極，就會大聲吼道：「我要殺你的頭。」抗戰時期，他生氣透頂時，會用寧波話罵道：「娘西皮！」這句話實在是一句非常粗鄙的農村俚語，後來，他大概是年紀的關係，我們再也沒聽過他罵這句粗話；如果，生氣的時候，頂多罵一句「豈有此理」，比較生氣時，會罵聲「混帳」，再生氣一點就會罵「混帳極了」，再加上一句嚇唬人的「我要槍斃你」，不過這都是對比較熟悉的部屬才會這樣罵法，罵歸罵，但也從來沒有侍從人員真的被他砍頭或者槍斃，也許這些話是，以前他年輕帶兵時，經常講的口頭禪吧！

對老先生的脾氣摸得比較清楚的人，知道愈是被他罵得兇，愈是沒事，如果他一旦罵都懶得罵的時候，表示他對那人已經死了心，根本不想再在面前看到他了，這時也是那人準備捲鋪蓋滾蛋的時候。

到台灣，老先生最生氣的一次，大概是一九五七年五月二十四日，台北發生「劉自然案」的那一次。

劉自然被誣指偷窺一位美軍士官的太太洗澡，被一名美軍用手槍當場擊斃。因為劉自然妻十分不滿美軍的判決，就在四十六年五月二十四日那天，跑到台北北門美國大使館靜坐抗議。因為圍觀人群大家都同情弱者，群情氣憤，便和軍警發生衝突，後來演變成反美暴動事件，不但市區路上的白種人全部慘遭修理，美國大使館的美國國旗也被人扯了下來，台北中山堂對面的美國新聞處被暴民打得一片狼藉，馬路上的車輛被人一輛接著一輛推翻、砸毀，民眾情緒被此一事件鼓動起來，許多人都想藉此一洩怨氣，所以演變成自從二二八事件以來，最嚴重的一次群眾暴動事件。

蔣介石據報後，真是怒不可遏，立刻召來台北當時的衛戍司令黃珍吾，把他叫到官邸召見垂詢。等黃某膽戰心驚地匆匆趕到，蔣先生拿起他的拐杖，狠狠地往茶几上敲了好幾下，責罵黃司令，你這個衛戍司令是怎麼幹的？會發生這等大事，為什麼不懂得平抑民眾情緒，讓老百姓聚集鬧事，而且更得罪了美國人，這事情該怎麼善了？

黃珍吾是蔣介石黃埔的學生，他很清楚校長的個性，所以一個勁地拚命說，是！

是！全部是我的錯！後來，他果然沒事，反而那時的警務處長和憲兵司令，全部被撤換，而黃司令則照樣做他的太平官。

第五節　蔣介石以客為尊

撤退到台灣以後，老先生最怕中華民國變得孤立無援，所以一有外國元首來台灣訪問，縱使把上上下下搞得天翻地覆，也務必要讓外賓心滿意足。

一九六〇年六月十八日，美國總統艾森豪來訪。艾氏來台前的一、二個星期，國民黨政府上下無不慎重其事，希望把接待工作做到盡善盡美，而蔣介石更對艾氏的來訪寄以厚望，因為，老先生希望和美國保持更緊密的關係，只有這樣才可以實現他「反攻大陸」的夢想，他非常清楚，以國民政府本身的力量，想要獨力反攻，在實際上存在著太多的阻力和困難，除非艾森豪領導的美國政府支持他的反攻大陸計畫，否則，蔣介石心中的夢想將永遠僅是空中樓閣。在另一方面，老先生也有意藉著艾氏的訪問中華民國，還北京政權以顏色，讓中共清楚，不要再興起侵台的任何念頭，否則，背後的美國人不會坐視不管。

在這樣的背景下，老先生對艾氏的訪台，已經把它列為那二、三年裡，頂重要的一件事情，我們也很清楚艾氏來訪的意義，所以，在做一些準備作業時，當然格外用心。

在總統府裝設冷氣，就是最明顯的一個例子。

平日，蔣老先生是從不用冷氣的，因為他相信吹冷氣會得風溼病，他是個相當重視保養身體的人，因而始終反對在他的辦公室裝設冷氣機，況且那時台灣還不會製造冷氣機，以他向來儉省的性格，他沒事的話亦絕對不會主動要裝冷氣。不用空調，他也不習慣吹電扇，連他的辦公室原本有的吊扇，也不常使用，即使大熱天也只開靠大門口的吊扇祛暑，他喜歡電扇從側面吹，他怕電扇的風，會讓他頭疼難受。

既不吹冷氣、又不吹電扇，老先生夏天又怕熱，在官邸平常吃飯的時候，我們侍衛人員就要像古時候的婢女或者太監一樣，站在他的身後替他打扇子，這個扇子的質料，他還特別考究，是要專人到香港去買大陸產制的蒲葉扇，每當夏季氣溫上升，酷暑難當的時節，老先生的身後一定有副官人員，專門為他搧風祛暑。

可是，現在美國的總統要來，總不能再派個人，跑到艾森豪後面，像是伺候皇帝似的，也為美國總統打扇子；所以只好趕工裝設冷氣。

一九五〇年代，台灣的公家單位只有空軍總部情報署這些單位，少數幾個辦公地點有冷氣設備。

為此，總統府特地向空軍總部先「借」了二部美製約克牌冷氣，十萬火急派工裝修，花了一個多禮拜的時間，夜以繼日，才在艾氏來台之前趕工完成。

還有一次伊朗國王巴勒維訪華，蔣先生親自關切接待工作，更使我感動萬分。

那是一九五八年的五月十四日，在巴氏到台灣的前幾天，老先生夫婦有天晚上近十點鐘光景，突然駕臨總統府。侍衛人員找我打開辦公室及會客室的門，讓他看看室內布置情形，可見他的重視。我那時還是單身漢，所以整個時間都待在府內，特別是有重要勤務，我更不放心太早離開崗位。因而，當總統夫婦驅車前來時，總統府值班的人真是緊張極了，唯恐我要是不在的話，總統看不到現場，肯定相當惱火。

可是，等總統到了介壽館，有關人員赫然發現我還留守府內工作，個個都鬆了一口氣；而我見到老先生及夫人，只為了親自視察會場布置工作，還特地在夜裡輕車簡從跑這一趟，更使我對他們的精神折服。我還記得那一回，夫人宋美齡還把她的國畫畫作，選了好多幅送到總統府會客室及總統辦公室布置，使空間顯得不那麼單調。

老先生那次看了我們的準備工作，顯得十分滿意，一面看一面點頭稱許，後來，總統府三局局長劉牧群曾親口誇讚過我：「只要有翁元在，總統辦公室三百六十五天都不用去看。」

第六節　新年紅包令人窩心

老先生對待我們，始終像是長輩待晚輩那樣的親切，我們犯錯就當面指點，從來沒見過他發什麼脾氣。令我印象深刻的一次，是他有一年，親自拿紅包犒賞我的時候，真是讓我感動得眼淚都差點奪眶而出。

那次，我在總統府老先生辦公室旁邊的小房間待命，忽然聽見侍衛官叫我，說總統叫我進去，起先我是一怔，以為有什麼事情，我毫不遲疑走進辦公室，一眼看見他正打開自己的皮包，數著一疊嶄新的十元新鈔，那是當時面額最大的鈔票，他輕輕叫了我一聲，我走到距他的辦公桌前方數步前的地方，筆直站在他那兒，老先生以一種很慈祥的口氣開口了：「翁元！這是我給你的獎賞，你要好好的用，不要浪費！」他小心翼翼地把那疊鮮紅的十元紙鈔，遞到我的手上。我趕緊用雙手接過。

那時，我真是感動莫名，只一個勁地說：「謝謝先生！謝謝先生！」

我自己很清楚，在當時政府財力拮据的情況下，在一九五〇、六〇年，一百元對一個普通公務人員是多麼大的鼓勵，那時，其他的侍衛人員都是總統造冊發錢，我的編制還是在侍衛人員名冊中，所以，必須動用他自己的錢來發給我，儘管這樣微不足道的小事，老先生每次都記得清清楚楚，從來不會遺忘。

照他的慣例，侍衛官每年三節犒賞是給三百元台幣，侍衛每人一百五十元，我是內勤人員，因工作性質不同，每逢年節日當面犒賞一百元獎勵，真是一種殊榮。

記得有一次，他正在數鈔票，數著數著，怎麼多了一張？他又從那疊原本要給我的新鈔中，抽回了一張，剛好是十張十元紙鈔。由此可見，老先生對於用錢十分謹慎、節儉，從小地方看得出，老先生還是保有中國傳統那種「一粥一飯當思來處不易」的美德。

第七節　八二三砲戰老先生逃過一劫

一九五八年八月二十四日，那天恰巧是星期天，一大早，我沒有什麼特別的事情，又和往常一樣，在總統辦公室把慣常的公務做完，然後就到隔鄰的參謀總長辦公室，找王叔銘總長的幕僚翁顯樑中校聊天，聊天正聊到興頭上，忽然，翁中校接到一封特急電，上面赫然寫著金門爆發了大規模的砲戰，翁顯樑馬上打電話，向總長王叔銘報告，再由王總長向老先生報告。

我們乍聽之下，頓時神經緊繃，海峽兩岸當時固然零星戰火不斷，可是，像這樣一個晚上就打過來好多萬發砲彈的情況，不但金門從來未有，就是整個國共戰史、甚至整個世界戰史，都是鮮少聽聞的。

當時，我心裡就有一種感覺，怎麼會那麼巧，前幾天，老先生才剛去視察過金門，二十三日當天，國防部長俞大維剛去金門視察防務，不知是否大陸方面誤把俞大維去金門的情報當作是老先生去金門？還是純屬巧合？總之，老先生在許多時候，都是這樣化險為夷的。

第四章

在蔣介石身邊的日子

第一節　官邸空降部隊

會成為老先生的貼身侍從副官，實在是在我的意料之外，事實上，我在總統府擔任內勤，嚴格講起來，不但工作輕鬆，而且下午的時間幾乎都可以自己自由運用，無牽無掛，亦不受任何限制，只要把老先生辦公室的環境弄好了，沒有人會管我到底平時在幹什麼。

一九六一年以前，我尚未結婚時，我就住在總統府辦公室內，結婚以後，下了班就回家，和太太在一起享受家庭樂趣，所以，當我最初接到要我立刻到總統官邸報到的命令，心中真是有一百個不情願，可是，我畢竟受過長期的侍衛訓練，自己很清楚，我一旦做了侍衛，就得認命，總統一句話，即使是再辛苦的任務，我還是得去覆命。

記得我們剛入伍當衛士的時候，上面發給我們一篇「侍從人員訓條」，裡面有一段話，我到現在還沒忘掉，「古人教養子弟門人，先令其學習灑掃應對進退，再進而講習養心修身，所謂禮義廉恥之道。今之侍從人員即古之弟子門人也，若不自重自治刻苦耐勞，敬事慎言，則不惟其本身無成，即為其師長者，亦必受其影響，甚至左右不良，以致身敗名裂，比比皆然……」那句今之侍從人員即古之弟子門人也，可以看出老先生是如何看待侍衛人員了。

為什麼老先生會挑選我作為他的貼身副官，這是我後來進入官邸真正到老先生身邊服務後，才知道整個的內情。

那是一九六六年間的事，某日下午，老先生有位貼身副官覺得非常疲累，就告訴侍衛官，說他想去倉庫稍微睡一下，如果有什麼事，請侍衛官叫醒他。結果，那位侍衛官忘了叫醒他，老先生下午要想洗澡，就在樓上打鈴叫人，結果怎麼叫也沒人回應，老先生氣得不得了，想起這個貼身副官平日就小過不斷，一氣之下，就把這個副官調回總統府，當一般行政人員任用。

可是，總統官邸不能一日無人，而且少了一個貼身副官，輪值就十分吃力，內務科的科長陳杏奎，就找了一個浙江籍的便衣衛士去遞補空缺，可是，這位新副官並不受總統的歡心，老先生就把主意打到我的身上。

某日，老先生午後外出兜風，在車上他突然心血來潮，問起他的座車侍衛官季峻宮：「在總統府服內勤的那個小的叫什麼名字？」季峻宮不知道老先生為什麼會問起我，但卻毫不遲疑地答覆：「他叫翁元，」老先生點點頭，並沒有再說什麼。

等新副官來了幾天後，記得是一九六六年的七月七日，老先生要內務科長陳杏奎，打電話給總統府庶務科長蔣孝傑，命令我立刻於當天上午，到陽明山官邸報到（每年老先生都在陽明山官邸避暑），而且連車子都已經派好，上午就會來接人。剛接到蔣孝傑口頭下達的調職令，自己真是有些莫名其妙，還不太相信，可是，我又豈有不去的權力。就這樣，開始了我二十年真正在蔣介石父子身邊，擔任有如古代帝王身邊內侍角色的貼身副官。

我記得非常清楚，那年的七月七日是個星期三，照例那天開中常會，上午十時左右，我被送往陽明山官邸，向官邸內務科長陳杏奎報到。陳杏奎說，老先生回來後帶我去晉見他。中午待老先生回到官邸，我就跟著他，一起走進官邸的書房。那時，老先生正在書房坐著休息，陳杏奎過去報告：「先生，翁元來了！」老先生看了我一眼，很隨和地說：「好！好！那就開始工作吧！」說完，我們就立刻退了出來，就這樣我正式成為官邸內務科的成員，正式加入總統貼身副官的行列。

第二節　打鴨子上架

從我正式成為貼身副官的一員，我就已經可以感受到，在官邸這樣一個重視派系和關係的大內深宮，以我一個這樣被總統直接「空降」而來的人而言，要能夠生存下去，的確是十分不容易的，除非我真的拿出一些本事和能耐出來。

早在我擔任便衣衛士和總統府內勤工作時，我就多多少少聽過一些個關於官邸內務科人員派系的傳說，但是，那時畢竟沒有實際的接觸，只知道在官邸內部，內務科分為夫人派和先生派，蔣宋兩位各有各自的貼身副官和服侍的人馬，分得清清楚楚，如果不是這二個系統裡面的人，要想在官邸內務科占有一席之地，談何容易。

對我做的陌生工作，他們根本不聞不問，也從來沒有人教過我什麼事該怎麼做，我有時候問他們資深的副官，那件事情該如何做，可是得到的答覆竟然是：「就是這樣做嘛！」可是，卻從來沒有人指點我要怎麼「這樣做」。

然而，我原本那種不服輸的個性解救了自己，我那時曾經這樣想著：既然老先生這樣欣賞我，這樣肯定我的能力和工作精神，而且是他主動提起我的名字，這是一種榮譽。另一個方面，我也在想，雖然我在副官這個圈子現在還是外行，可是，這不外是侍役的工作，並沒有什麼特別困難奧妙的地方，又何必那樣神秘兮兮？

我開始認真地私下觀察老副官們的一舉一動，哪怕是任何一個細微的小動作，我都毫不遺漏地看個仔細。譬如說，老先生吃飯時，哪些東西是必備的？碗、筷、杯、盤和各式餐具該怎麼擺？他最喜歡吃哪些東西？他的生活習慣有哪些需要特別留意的地方？我都一個動作接一個動作地看在眼裡，然後以當時還年輕的記憶力，強迫自己一項一項地記下來，一點也不馬虎。

我心想，只要我這樣好好學上一陣子，看還會有誰來排擠我。

可是，我萬萬沒有想到，一個更大的考驗，很快降臨到我的面前。

大概是那年的七月十三日或是十四日，約莫是我去官邸報到後一個星期左右，老先生要去花蓮度假，他帶著我們所有的侍衛人員，一起搭乘總統專用座機，飛到花蓮，住進他最喜歡去的花蓮「文山招待所」，第一天並沒有什麼特別的事情，可是到了花蓮的第二天，和我一起的正班副官錢如標，突然臨時感冒了，他還跑到總統醫官熊丸、陳耀翰那裡求診，醫官聽他說自己傷風了，怕他就在老先生身邊，把感冒傳染給老先生，這個責任可擔待不起，所以，就叫錢如標遠離老先生，讓他好好休息，等感冒好了再上班。

錢如標一生病，我們的人手馬上就明顯不足，可是，服侍先生不是說沒有人就可以停頓片刻的，所以，尚在「見習」階段的我，到任不滿一個星期，上面就交代我，去接替工作空缺。於是，我慢慢開始融入老先生的日常生活當中，逐漸從他的日常生活習慣，慢慢摸索，並且成為最熟練的一位貼身副官。

第三節　第一份官邸任務——為老先生洗澡

我曾經引用希特勒的一句話：「在傭人的眼裡，即使是偉人也是沒有秘密的。」在我成為老先生貼身副官之後，我開始服膺這句話的道理，我也經常在想，一個偉人的妻子，恐怕也不可能像丈夫的傭人那樣了解她丈夫的身體吧？

在花蓮文山招待所，我提前結束見習，直接為老先生服務，接著所有老先生的日常生活細節，我都必須在那段時間內，學會如何服侍的竅門，當然包括了為老先生洗澡在內。

這一輩子從來沒有為人做沐浴服務，更遑論替一國領袖做洗澡的服務，開始時，真教我精神緊張、如臨深淵。

協助蔣先生洗澡，學問很大，老先生畢竟是在日本當過兵的軍人，對於下屬的衣著，即使是我們幫他洗澡，他還是很在意我們是不是服裝整齊。所以，在幫他洗澡時，允許我們可以脫去中山裝上衣，上身穿著襯衫不必打領帶，下身則穿著一般的長褲，天熱的時候我們可以把袖子捲起來，比較不熱。

老先生習慣泡澡，他洗澡從來不用肥皂，可能是他平日大概也沒有什麼勞動的機會，身體沒流什麼汗水，不會油膩，但是基本上，每天都要洗一次澡，自己洗完之後，由正班副官為他擦拭後背，然後再由正班副官為他披上大毛巾，擦淨身上的水漬。然後，接下來的工作就交給副班副官，把老先生從浴室扶到他的書房，讓他坐在臥榻旁的沙發上，副官則搬張矮凳子坐在老先生面前，用乾毛巾為他擦拭雙腳和腳趾間的水漬。

擦腳時，如果他覺得腳指甲長了，就要叫專門為他修剪指甲的吳先生來，為他做修剪服務。

說起這位吳先生，在一九五〇年代，原本是台北中華路「安樂池」澡堂服務員，專門為客人修剪指甲，當時，士林官邸內務科知道這家澡堂的上海師傅手藝不錯，就曾經幾次把年輕的小吳，專車送到官邸，為老先生修剪指甲，一段時間總要來官邸一趟，後來，安全部門有了考慮，因為每次小吳來為老先生剪腳指甲，總是會接觸官邸的人事地物，這位吳先生還是個年輕的小伙子，要是年輕人口風不緊的話，到處去亂講官邸的所見所聞，豈不影響官邸和老先生的安全？

基於這樣的因素，為他也在安全局安插了一個雇員的空缺，要他辭去安樂池的服務員工作，每天到安全局「上班」，名為上班，實則是待命，只要老先生需要修剪腳指甲了，官邸就通知安全局他本人直接過來，為老先生做服務。

有時候，老先生到南部度假，比如像梨山那樣偏遠的地方，只要老先生一想到自己的腳指甲似乎好久沒剪了，他還是要我們打長途電話叫吳先生隔天趕到梨山，為他剪指甲。

手指甲，老先生則一向是自己修剪，後來，他身體愈來愈差了，才由我替他修剪，至於腳指甲因為需要特殊的工具，所以一直是吳先生負責。

老先生稀疏的短髮，也是定期就要修剪一次的，老先生最早是給從大陸上帶出來的老師傅理，後來老師傅退休了，就由錢副官接替，老先生覺得他理得很好，之後就一直給他剪髮，官邸裡頭的同仁就戲稱他是「天下第一把刀」，本來那位專門理髮的老師傅，是不必做其他事情的，接手的錢副官，和後來我也替老先生剪指甲一樣，都有了副官以外的「兼職」。

我替老先生修剪手指甲，是在老先生身體狀況稍差之後的事情，記得有一回，他正在剪手指甲，他剪指甲一向習慣用剪刀，不喜用西洋指甲剪，可是，那天我發現他一雙手抖個不停，如果真的讓他自己來，可能會剪到指甲肉，我看了實在於心不忍，就走過去揖身輕聲地說：「先生，我來幫你剪吧！」他點點頭，於是我就接過了剪刀，為他剪指甲，他喜歡把指甲剪得乾乾淨淨，我也順從他的意思，很輕鬆地為他修剪一番，剪完，他對我的「技藝」讚不絕口，從此，我就多了這項「副業」。

說實話，這項「副業」肯定沒有什麼好處，有一次我休假在家，電話來了，我一聽是官邸打來的，心知又有事情找上我了，果然，就是老先生的指甲又長了，他指定要我下午回去幫他剪指甲，於是我便匆匆吃了中飯，連忙趕赴官邸應召，一個假日就這樣犧牲了。

第四節　官邸內務科的內鬥

經過文山招待所錢副官請假由我代班的經驗，和我連續一段時日對老先生作息的觀察，慢慢對老先生的日常作息瞭若指掌，一直到一九七五年他過世為止，我始終兢兢業業，沒有一天敢於懈怠疏忽，因而，在所有的侍衛人員當中，我也是對蔣公和經國先生這兩位總統日常生活小節，研究得最有心得的人之一，所以，蔣經國總統生前的吳侍衛長便笑稱我是「中正大學超博士」（按：所謂中正大學超博士的典故是有來由的，美國總統雷根當選總統後，把在加州州長時任職的保鑣帶到華府，有人問起他的學歷，他毫不思索的回答，我是雷根大學畢業的，所以他引用這個典故戲稱我是中正大學的超博士）。

然而，我這個「中正大學超博士」，也不是一帆風順過來的，非但如此，我最初時期，還因為官邸人事傾軋的惡化，而被迫二出三進，最後還是老先生因另一位副官生病需長期休養，他又親自交代要我回官邸，我才得以繼續修完我的「中正大學博士學歷」。

中國官場上講究人際關係的傳承，所謂朝中無人莫做官，就是在強調人脈關係的重要性，上層社會是這樣，下層社會其實亦復如是。

正如我在前面已經強調的，基本上，我會進入官邸，可以說完全是因為老先生和我之間的機緣巧合，要不是他對我印象深刻，直接把我從侍衛系統調派到屬於官邸的內務系統，以搭直升機的方式進入官邸，恐怕這一輩子也休想進得了官邸。士林官邸內務系統的主要人馬，當時絕大多數是老先生夫婦，早在大陸時期就跟在身邊的老人，不管是廚務或是一般庶務人員，都早已自成一個體系，但是，老先生夫婦畢竟是比較舊式的人物，尤其是老先生，他固然貴為一國領袖，也是士林官邸的一家之主，可是，他卻相當尊重老夫人在官邸家務上的裁奪權，所以，多年以來，官邸上下特別是廚務和庶務方面的人員，都是聽從夫人的指揮調度，這些人員的獎懲和褒貶，老先生從不過問。

官邸內務人員完全歸夫人指揮，很多人就抱持著只要伺候好夫人一個人，就可以瞞上欺下，為所欲為。

早在我進入官邸不久，我就知道有少數內務科人員，扛著官邸夫人的招牌，在各個機關團體招搖撞騙，這些人的所作所為，基本上是在法律邊緣地帶，搞他們的私利，例如，強行要求相關的機關團體，如台北市中山堂等福利社或是福利餐廳，徇私承包給這些官邸工作人員背後撐腰的小圈圈，讓他們年復一年地經營這些包賺不賠的營利事業。

我相信，以宋美齡的聰明睿智，她不可能不知道下面有那些人在搞投機倒把的事情，只是，她大概不把這樣的事情看作是什麼大不了的問題，何況，這些在外頭搞副業的手下，又是跟隨自己多年的傭僕，縱使靠本事賺點外快，又算得了什麼呢？

我進入士林官邸之後，從來也不去過問任何人的私人事務，只專心做自己本分的工作，可是，誰曉得就因為我是搭直升機來官邸的，和夫人派的那些老人馬截然不同，而且我也不屑於去打入那個圈子，所以，久而久之便成為他們那個小圈圈欲去之而後快的對象。

內務科的那位主管，本來想找我工作上的麻煩，可是，儘管我在工作上根本沒有任何大的瑕疵，那位主管還是無所不用其極地，在我的工作上挑毛病，如果我的工作上挑不出什麼毛病的話，他就在他主管的獎金上動手腳，剋扣我的獎金，或故意壓低我的獎金數額，或者在別人調整獎金時，卻還是給我那麼一點錢，總之，想盡各種辦法要來壓抑我、排擠我。

一九六八年中，我實在對內務科主管種種作為已經忍無可忍，私底下開始透過各種管道，希望在類似國民黨中央黨部這樣的單位，找份差事做做就滿足了，不想再在官邸受氣惹嫌。剛好在我找新工作快要有眉目的時候，我突然患了嚴重的坐骨神經痛，成天坐立難安，痛苦不堪。

於是，我上了一份報告，這份寫給內務科科長陳杏奎的報告，大意是說因為我身體不適，所以，希望能夠請調回總統府管理科的內勤工作。

沒想到長官看了我的報告之後，立刻用一種威脅的口吻告訴我：「你要是不幹的話，恐怕連總統府的職缺名額都會取消掉！」我實在氣不過，可是我還是按捺住我的脾氣，我很直率地說：「我在總統府的工作職務被取消並不重要，我只要求有一個公務單位能夠收容我就行了！」事實上他是不敢將報告呈給夫人，因為我工作上並沒大錯，在我的堅持之下，我離開了士林官邸，可是老先生並沒有忘懷我，我在表面上的離職原因，是因為坐骨神經出了問題。印象中，老先生不止一次，向醫官垂詢我的病情，而醫官在向他報告之後，他也沒有再多問什麼，只是把我找到面前，要我好好休養，等將來病好了再說。

一九七〇年夏天錢副官生病請假，老先生身邊只剩下李大偉和王文皓兩個副官伺候他，排班根本忙不過來，只好又打電話把我從中央黨部調上陽明山的中興賓館，照料日漸衰弱的老先生。

因為，那次錢副官請的是二個星期的病假，所以，二個星期之後，我便下山回到中央黨部工作崗位上。

當年的八、九月間，老先生從梨山到日月潭，一路上不知怎的，李大偉的腰扭傷了，副官排班又少了個人，老先生還是想到我，他直接告訴經國先生轉知秦孝儀副秘書長：「去把翁元給我找回來。」

如此，又是一通電話，我被召到涵碧樓行館，從此，一直待到老先生過世為止。

第五節　陪蔣介石微服出巡

蔣氏父子都有微服出巡的習慣，而他們也都有出巡的小插曲，讓我到現在還記憶猶新。

一九六六、六七年間，某日，我隨侍老先生吃完中飯，他交代要到北海岸淡金公路兜風，於是護衛車隊就遵照他的指示，往淡水方向出發，當車隊到達淡水基督書院附近，也就是衛戍師某部隊的駐紮地點時，他要座車靠邊停下來，侍衛人員都不知道老先生有何意圖，只大概了解他可能要上那個部隊的營區看看，我們便陪著他拾階而上，到了那個營區，老先生還是自顧自的往前走。

這時，門口的衛兵也不清楚他是何許人也，見他一個勁地往營區闖，連忙舉起槍來，高聲喝斥：「你是誰？！」並且作勢瞄準，我們立刻蜂擁而上，侍衛長這時亮出身分，大聲罵道：「見到總統還不敬禮，這樣成何體統？」老先生這時不但不生氣，反而和顏悅色地告訴侍衛長：「衛兵同志做得很好，不要責備他。」

老先生視察部隊通常都是在沒有預警的情況下，直接到部隊的營房、廚房、廁所去看衛生工作做得怎麼樣，他覺得如果一個部隊連這些最起碼的衛生工作都做不好的話，部隊的軍紀、素質根本不用談了。

記得有一次，也是在隨侍他到外面兜風途中，在經過一處鐵路平交道的時候，他忽然見到車窗外有一個服裝不整的士兵，一路走了過來，他臉上略帶怒容：「這個士兵究竟是那個單位的？怎麼連衣服都穿得歪七扭八，查一查是那個部隊的，要好好處分他。」

侍衛長立刻吩咐座車停下來，他要侍衛去叫住那個士兵，抄下他的兵籍番號，到下一個歇腳地點，侍衛長就去聯絡所屬部隊的部隊長，要部隊長檢討，好好管束自己所屬。

還有一回，也是一九六〇年代的事情，老先生到部隊視察，竟然看見部隊還是在睡稻草鋪的床鋪，營房也是茅草屋，心裡非常不高興，第二天找來軍團司令鄭為元將軍問他，怎麼現在有部隊還在睡茅草房？鄭答：「因為經費不夠，所以還沒來得及改建！」後來，老先生親自下令，要國防部編列預算，把現在的國軍營舍全部改建為鋼筋水泥建築。

第六節　疑心病與老迷信

陪老先生出門的次數漸多，我也愈來愈熟悉他的心理與習性。

坦白說，老先生是一個疑心病相當重的人，連我們陪他外出，外衛、中衛、內衛那麼多人保護他一個人，他還是從小地方顯現出他的小心謹慎。

比如說，他在外地要睡覺之前，一定會檢查裡裡外外所有的門窗，直到每一扇窗戶都關好了，他才敢放心地入睡，通常，他也會問我們，到底門窗有沒有鎖好啊？我們便從命在他的房間四處探視一遍，看看門窗的確鎖好以後，才敢回到各自的安全崗位上。

老先生雖是軍人出身，可是，他在某些方面卻顯得十分膽怯而重迷信，例如他每次以總統或是國民黨總裁身分，去喪家或是殯儀館悼喪回來以後，一定要在洗手間裡把雙手洗上老半天，他從來沒有告訴任何人他為什麼要洗手洗那麼久，當然，這種事不必問也知道，老先生是一個十分講迷信的老式人物，他相信如果去弔喪回來後不好好洗手的話，就會把喪家的穢氣也帶進自己家門。

所以，原則上，他不輕易出席喪葬場合，除非萬不得已才去喪家或是殯儀館露個臉，回到家必定先去洗手間把手徹徹底底洗一遍，他才安心去做別的事情。

中國歷代的帝王年紀愈大，愈有忌諱，老先生似乎也有一些這樣的傾向。

官邸大大小小的人員，大家都清楚，老先生非常討厭黑色的東西，他認為黑色是最不吉利的一種顏色，所以官邸內外，幾乎看不到有任何黑色的裝飾。

可是有一次，官邸的裁縫師傅卻犯了他的大忌諱，讓老先生大發雷霆，記得官邸會在他書房裝置電視，事實上他偶爾看看新聞，平時甚少使用，但他辦公臥榻面對螢光幕有反光，影響他視線，交代我們想辦法做一個套子或塊布來覆蓋電視螢幕，於是就叫官邸的專用裁縫師傅去準備，不多時裁縫師傅拿來一塊黑色的布幔，鋪在電視屏幕上，等老先生回來一看，登時怒火中燒，大聲吼道：「真是莫名其妙，誰叫你們搞塊黑布來，還不跟我拿走！是誰的主意？」

愈是到了晚年，老先生愈是迷信，可是有趣的是，官邸內部也有一些無稽的傳聞，圍繞著老先生，然而這些傳聞因為和事實的差距不大，所以一時之間，便在台北的官場傳了開來。

比如，在政壇就有一個說法，凡是有人身體欠安的時候，只要老先生去醫院探望的話，這個人八成就會在幾天後駕鶴西歸。還記得當年退役的空軍總司令陳嘉尚，在擔任約旦大使因病返國醫治住榮總，有天突然老先生光臨醫院看他，陳嘉尚自己也聽過有關的傳說，可是總統是未經通知直接駕臨，他根本連回絕的機會都沒有，只好躺在病房中接受探慰，心中真是七上八下，不知如何是好。真是所謂是福不是禍、是禍躲不過，幾天光景，這位風燭殘年的老將軍，終於壽終正寢，離開人世，這究竟是巧合還是陳將軍原本就是年壽已盡，實在是個令人不敢驟下斷語的問題。事實上是老先生得知其病重無法醫治時，才會駕臨探視慰問。

老先生深信風水，這也是士林官邸半公開的秘密，就以當年修建慈湖來說，就是一個非常明顯的例證。

最早，慈湖當然不是要供作老先生的身後用地，而是老先生計畫作為總統府戰時疏散辦公署，一九六〇年代，特別是在中共搞文革的那段時期，老先生曾經一度幻想，是不是可以趁大陸動亂的時刻反攻大陸，他和軍方人士考慮到台北距離大陸還是太近，中共的噴射軍機只要幾分鐘，就可以臨空攻襲，台北的總統府和官邸在戰時事實上並不安全，基於這樣的考慮，當局便在台北市郊積極尋覓適當的土地，希望建立一個戰時的中央政府辦公署，於是，總統府三局便著手辦理。

不久，當局得知林本源家族有意捐獻一塊土地，這塊土地位於桃園大溪，是林家的發源地，也是許多風水專家口中的所謂「龍穴」，老先生得知林家有意捐地，真是高興極了，林家從清代就和內地的王公貴族，建立了相當深厚的人際關係，例如和清末的盛宣懷家族，兩家就是姻親關係，林家和蔣家本來就有往來，加上這次的捐地，二家的關係便更上一層樓。

地有了著落，這還不能確定，還要等老先生親自去看過一次，才能算數，老先生對土木工程很是重視，在得到林家這片土地以後，立刻親自到這塊土地的地址，去實地鑑賞一下究竟是不是外人所謂的風水寶地。

老先生實地察看，十分滿意，他覺得以這個地點，應該可以抵抗中共的來自空中的任何攻擊，而且，這裡是林家發跡的風水寶地，如果以這個基址作為政府中樞的辦公地點以及蔣家的官邸，乃是一舉兩得的事情，於是當局開始在這裡大興土木，這也是慈湖的由來。沒有想到老先生在經歷陽明山那場車禍以後，身體就江河日下、一天不如一天，慈湖沒有成為老先生的行宮官邸，反而成了他身後的遺體暫厝的停靈處，這難道是造化弄人？

老先生基本上是很相信風水之說的，他住的地方原則上喜歡朝東或是朝南，取國人喜愛向陽面陽氣較盛的老觀念，他住的幾個官邸，基本上都是按照這個簡單的風水原則建築的。

老先生對風水深信不疑，連帶的使得官邸內部有些人對風水也有頗多議論，特別是老先生在陽明山發生車禍事件，乃至身體日漸衰弱以後，這種把老先生乃至蔣家命勢走下坡的種種，都把它歸諸於蔣家官邸的風水出了差錯，這類說法此起彼落地在官邸內外傳布著。

其中，最盛行的一種講法，是關於中興賓館的風水傳聞。

老先生當初播遷台北時，是住在陽明山的後草山，一處原屬台糖公司的招待所，因為台灣的氣候比大陸溼熱，老先生初來的時候，極不適應台灣的海島氣候，但是，他在陽明山住下來以後，覺得那兒不但清靜，而且夏天也比較涼爽，所以便養成一個習慣，只要到每年的六月間，沒有特殊事故，老先生夫婦就搬到陽明山去避暑，到當年的雙十國慶前後下山回士林官邸。

然而，畢竟後草山那個招待所比較簡陋一些，陽明山管理局為了讓老先生住得舒適一點，就另外選擇了陽明山一塊地方，給老先生蓋新的避暑官邸。一九七〇年中興賓館正式落成，老先生就在那年夏天住進簇新的中興賓館，可是，住不了多久，就接二連三地發生一些不幸的事件，因而，中興賓館風水不佳的流言四起。中興賓館的地點位在後草山的頂上，大門面對七星山、背對台北市區，進入賓館之前，要經過老先生的愛將胡宗南將軍的墓地，起先，我們還不知道有一個墓地在賓館附近，直到住進賓館的第一天，車隊快進入賓館大門時，映入眼簾的一塊修剪成四顆星的草坪，我們才知道原來這裡還有一個胡宗南的墳墓。

等到老先生夫婦在仰德大道發生車禍的隔年，有些官邸內的人員就在那兒竊竊私語，認為老先生會遇到這樣的意外事故，必定是因為中興賓館的風水不佳所致，因為，往常住在士林和後草山時，從來也不曾發生過什麼不好的事情。

第五章

蔣介石私生活搜秘

——蔣介石的二十四小時

老一輩的中國人，立身處世莫不有自己的一套座右銘和日常的作息規律。老先生自不例外，他嚴謹的生活規律，我們隨從人員點點滴滴看在眼裡，對他在平凡中展現的氣度和精神，我們是絕對不會忘懷的，即使今天政治環境再如何改變，老先生他生前的音容和形貌，總是不知不覺就浮現在我們腦海，誠然，我在前面也套用過納粹頭子希特勒名言：「在傭人眼中，世界上是沒有偉人的。」

雖然在名義上我們叫貼身副官，實質上卻扮演著傭人的角色，做的工作有時也像古時皇帝內侍做的事，但是，正因為如此，我們對老先生自是更有直接而深入的認識，所以，希特勒的這句話，對一個嚴格踐履著他的生活規律的人物來說，是不見得會在我們的觀念中發揮作用的。

第一節　清晨鈴聲

東方大地還是一片昏暗，老先生已經起身，黑暗中，老先生拿著一支鋼筆手電筒，躡手躡足，摸索走進盥洗室洗臉。

他所以如此，一個最主要的理由，就是不想吵醒還在睡夢中的宋美齡，老夫人是個當年台北官場知名的夜貓子，當老先生起床的時刻，老夫人其實才入睡不到二、三個鐘頭，長年以來，他們這對夫妻的生活作息有著天淵之別。

彌足珍貴的是，他們彼此間從來不相互影響干預，在保持彼此的生活形態上，他們的確是相敬如賓。

當老先生輕輕帶動門把，輕聲走出房門的那一刻，警覺的侍衛人員已經撳下一聲電鈴，告訴當班的貼身副官，該到先生的身邊服侍他了。在官邸，一般的情況下，撳一聲電鈴代表是老先生那裡找人服務，如果是撳二聲電鈴，那是夫人傳喚隨從人員的訊號。

假如，老先生自己召喚副官，通常是叫一聲：「喂！」據說，這已經是十分「禮貌」性的一種叫法，在大陸時間，他會大叫「衛兵！」召來隨從。即使是侍衛長在老先生以往的觀念裡邊，也不過是「衛兵頭」而已，叫我們「喂」，我覺得已經是相當客氣了。

為了配合老先生的作息以及任務的需要，我們副官基本上分為正班、副班、空班等三個班次。副官人員必須在每天清晨五點以前就起床，我們起床後的第一件差事就是燒開水，燒好開水就倒好兩杯，一杯是溫的，大概五、六十度，另外一杯是滾燙的，將近一百度，以備老先生早上起床飲用。

老先生不愧是個軍人，他做任何事情，乃至晨起盥洗，都是那樣有條不紊、按部就班，從老先生打開洗手間電燈，到他完成洗臉的動作，我們都訓練到可以算出他這一連串動作，需要多少時間。在他做梳洗動作的時候，照例我們是不發一言，完全在他身後隨侍而已，但是，我站在他身後，看他盥洗這麼多年，他的每一個動作，我似乎都已熟悉到可以在腦海裡面反覆重演的地步。

就以他扭毛巾的方法來說，都是千篇一律的方法，他一定是以交叉搞扭的方式，把毛巾的水分扭轉到幾乎最乾的程度，再一寸寸細心地擦拭他的臉孔。他是一年四季都用冷水洗，大概是從他日本當兵時代，就已經養成的習慣。洗完臉，再用乾毛巾擦拭自己的臉部，據說他這樣是為了保持臉部的血液循環，至於效果如何，大概可以從老先生總是紅光滿面看出來。

老先生不但是一個非常講究衛生習慣的人，他的衛生習慣也和他受的軍事訓練有密切的關係，就拿他盥洗用的毛巾來說，都是訂做的，每次訂個二十到三十打，由工廠派人送來官邸，老先生喜歡純白色毛巾，為了區分為洗臉和洗澡二種，印藍色線條的是洗臉和擦手用的，印紅色線條的則是洗澡專用，老先生絕不會搞混。

漱口時，也有他的一套程序，我們通常會在他的洗臉台上，擺一個空杯和冷水瓶，等他要漱口時，他習慣用一些李斯德林藥水，加在冷開水中，然後用沖淡後的液體漱口。等他做完這些盥洗動作，我們另外再送上三杯開水，那杯子都是三百CC容量的，一杯是溫的，一杯是燙的，他先喝溫的，等那杯溫的喝完，再等到他做完靜坐，原來那杯熱的，那時已經變成溫開水。給他喝的開水都要保持攝氏四十度左右，不能太燙也不可以太冷，否則一定吃他的排頭。

離開官邸時，我們副班副官就要事先準備一個茶箱，這個箱子裡面裝了一瓶熱開水、一瓶冷開水、一條毛巾、牙缸、外加二瓶從美軍福利社買來的進口可口可樂。

即使在荒郊野外，老先生也是不忘喝水，有時候天熱，他心血來潮就想喝可樂，他喝可樂從來不喝冰的，他最喜歡的是可樂剛開罐時，氣泡猛冒的情景，老先生就是喜歡喝可樂初開罐時冒的那些氣泡。

有人不清楚我們為何為老先生帶水，以為是怕被人在水裡下毒，所以才隨車帶飲水，其實這是不了解老先生個性的人的誤解。因為，老先生平日就喜歡喝水，到任何地方，隔個十幾二十分鐘，他就想喝水，然而他對開水的溫度又很考究，過熱和過涼的都不喝，我們副官很清楚他的脾氣，大概每隔二十分鐘，就會為他換一次開水，只有在汽車行進間，他才不喝水。

結束盥洗，喝完開水，老先生就開始在陽台上做柔軟體操、唱聖詩。

老先生唱聖詩時，特別有意思，只要唱到「天父」或是「聖哉、聖哉」的時候，老先生就會朝東方脫帽行禮，做體操、唱聖詩約莫二十分鐘，他再回書房靜坐祈禱。

靜坐祈禱也是有不少規矩，先是用毛毯把自己膝蓋蓋好，靜坐的第一個步驟是點眼藥，他的眼藥水經醫師特別處方，一面點眼藥，一面用一條白色手帕輕輕擦拭按摩雙眼，點完眼藥，便閉起雙眼，開始靜坐，他的靜坐時間大約四十分鐘，靜坐時，他口中還念念有詞，念著祈禱文，我從來沒看見他計時，可是，他靜坐的時間似乎永遠不會誤差，有時候連一分鐘都不差，確實讓人不可思議。

等時間到了，他就用雙手按摩幾下雙眼，這時，就算完成靜坐，他的靜坐有個目的，一個是禱告，另外就是保養雙眼，我覺得他的眼睛會那樣炯炯有神，和他平日細心保養，有著密不可分的關係。

做完靜坐和禱告，便在自己書房做他的「早課」，所謂早課，就是寫日記和看報；一般人一定覺得納悶，怎麼老先生的日記會在早上寫？事實上，這也沒有什麼特別的原因，主要是因為老先生是一個習慣日間活動的人，不習慣熬夜，所以，他通常是利用一天當中精神最好的早晨寫日記。

把日記寫好了，開始看報紙，基本上，他什麼報紙都看，像《中央日報》、《中國時報》、《聯合報》，都是他每天必看的報紙，早課時，他只看大標題，如果他有興趣的新聞，他會特別交代秘書，叫他把某則消息勾起來，等到他吃早飯的時候，再唸給他聽，所以，唸報紙新聞就是總統文書秘書每天的第一件差事。

老先生不光是只注意國內新聞，即使對國際新聞，他也是十分有興趣，老先生相當重視國際局勢的發展，在他吃早點時，文書秘書會把當天最重要的國際新聞，也一併立即翻譯大要，讀給老先生聽。

他對各報刊載的地方新聞都非常注意，有一次在台中，下午翻閱報紙時在地方新聞版中，他看見一則新聞，說中興新村有公務人員在宿舍打麻將，他看了這則報導十分生氣，不久，有一回召見當時任省主席的黃杰，老先生曾經當面交代黃杰，要好好取締中興新村省府人員在官署或是宿舍打麻將的行為，有不少他在報紙上看到什麼消息，他也會在演講場合針對類似的問題，提出來討論，所以，老先生主政的時期，一般官員非常害怕自己有什麼小辮子給新聞記者抓到，萬一再給老先生見到有關的消息，豈不永無翻身之日？

除了一般性的新聞以外，老先生也相當重視各大報的社論，這也是他早餐餐桌上主要的讀報內容。

第二節　蔣介石的早餐

早上九點鐘左右老先生寫完日記，看過當天報紙的大標題，便吩咐我們準備開飯。

副官推著一輛可以折疊的餐桌，平時都固定放在一邊，我們把餐桌推到沙發前，他就坐在沙發前，進食早餐。

在蔣家家族當中，老先生是最重視吃食的一位，他吃的食品，非常精緻但很簡單。中年以後因裝設假牙，老先生的餐飲，基本上以中西式餐食為主。拿早餐來說，通常早上是吃一些點心類的食品，諸如湯包、包子、饅頭，有上海式的餐點及西式餐點，也有北方式的口味。為了讓老先生吃得舒服稱心，大師傅幾乎天天得變換花樣，可是飯菜再怎麼改變，老先生有幾樣家鄉菜是每天都要吃的，那就是醃鹽筍和芝麻醬，他的吃法是拿鹽筍沾著芝麻醬吃。

就因為醃筍是老先生每天都要吃的家鄉味，官邸內務科幾乎每年都要醃製個幾十斤，供老先生每天食用。

老先生畢生南征北討，遍嘗南北餐飲，仍情有獨鍾家鄉味。官邸的菜色幾乎每樣都會用點雞湯做調味，老先生非常喜愛吃雞湯，廚房幾乎每天都準備有雞湯，廚師知道先生的口味，每天都會準備好一隻老母雞，煨鍋濃雞湯，成為官邸飲食的基本特色。老先生一口假牙，所以習慣吃燒得比較爛的菜，不管是中餐、晚餐，桌上大概是五道菜左右，菜色是二葷三素或三葷二素，每道菜雖然稱不上是宮廷美食，但是也兼顧了風味和營養。

大體而言，老先生不是一個喜愛大吃大喝的人，而是喜歡精緻的江浙小菜，例如水煮筍頭、醬菜、小黃瓜等，芝麻醬則是他最喜愛的一種調味品。

士林官邸的正餐，是以中式和西式餐飲交互替換，中餐是吃中式餐點，晚上八成就是西式餐飲。

老先生是一個著重飲食口味的人，但是，他絕不挑食，只要是端上桌子的菜式他都會吃上一點，對西餐的興趣始終不高，所以，當官邸晚上吃西餐時，老先生有時寧願吃他的家鄉味，比如鹹筍、醬菜，沾著芝麻醬，吃一點稀飯。

老先生雖然和老夫人一起吃中飯和晚飯，可是二個人吃的東西簡直是南轅北轍，完全沒有共同喜好的美食。大體上，老先生吃的方面完全是中國傳統式的，而老夫人則是全盤西式口味，有時候，老先生見到老夫人吃生菜沙拉，就十分不解地開玩笑：「你真是前世羊投胎的，怎麼這麼愛吃草呢？」老夫人也不甘示弱，略帶不以為然的語氣說：「你把鹹筍沾上黑黑的芝麻醬又有什麼好吃的呢？」不過所幸彼此並不衝突，各安其食。

因為套假牙的緣故，老先生偶爾會有牙根肉疼痛的情況，當他牙床疼痛的時候，他會要我們給他拿一些稀飯來吃。稀飯是士林官邸每天都有的食物，是用雞肉熬成的，可說鮮美無比，或是白米稀飯。

官邸還有一樣傳統的美味，就是所謂的「黃埔蛋」，黃埔蛋其實是用大火炒出來的蛋，裡頭還放擺些蔥花，起鍋時間特別快，所以吃起來很嫩。老先生吃黃埔蛋可說百吃不厭，通常他牙疼的時候，這道菜是他必備的菜肴。

老先生習慣上在飯後會吃點水果，他比較喜歡吃木瓜、香蕉、西瓜、美國大梨等時鮮水果，不喜歡吃蘋果；從他吃水果也可以觀察他的儉省個性，像他吃香蕉的時候，中午若是只吃其中的一小段的話，他會把中午沒吃完的部分，留在盤子裡，這小段香蕉沒有人敢碰，如果有人不知情，把這一小段丟掉或吃掉的話，等他晚上問起時，難保又是一頓排頭要吃。

有次，我隨侍他老先生到高雄，他和愛孫孝武、孝勇一起吃飯，我們為他端上每人一片西瓜，他選了其中一塊，用水果刀切成二半，再分給兩個孫子食用，他還一面說，東西不要隨便浪費，小孩子只要夠吃就可以了，從這裡不難想見，他是一個多麼儉樸的老人家。

第三節　陪總統兜風

用完早餐，大概九點半光景，老先生即將動身到總統府上班。通常副官只要是當天的副班同仁，就要隨車跟著他一起去上班或是外出到任何地點，而正班同仁則留守在官邸，做其他的準備工作。

除了要開國民黨中常會以外，老先生的習慣是每天上午十點鐘左右到總統府上班。到府之後的第一件事情，不外是接見賓客或者是召見部屬討論公務，在他公幹的這段時間，我們副班的副官就等候在總統辦公室附近的一間小房間裡，準備隨時待命。

老先生下班的時間不太一定，有時候一件公文比較費腦筋，或是有什麼重要的文稿，需要即刻處理，中午一點多下班的情況也有。

下了班，老先生便直接回官邸吃中飯，他和他的兒子蔣經國不一樣，是絕對不到外頭吃飯的。

中飯後，通常他有睡午覺的習慣，老先生睡午覺的時間有時長有時短，大概在半小時到一個半小時之間。午覺醒來，老先生習慣出去散散步，然後回書房靜坐祈禱二十分鐘，結束後，就開始辦公。他所謂的辦公，無非是看看報紙、剪貼一下他覺得不錯的報導，頂多再處理個幾件比較緊要的公文；如果有重要的外賓，他也趁下午這段時間在官邸接見，等所有的公務處理得差不多了，我們為他和老夫人預備了茶點，算是官邸的午後茶時間。

到傍晚四點多鍾，假如老夫人也有興趣，他就和她連袂搭乘座車，到台北近郊的一些地方兜兜風，再回來吃晚飯，還是由我們副班人員和他們一起出去。

如果他們不外出兜風的話，老先生就在官邸室內或者花園裡面散步，他在官邸的生活大體說來雖然有些單調，但基本上，他是一直讓自己處於不斷活動的狀態；我們副官們都認為，這大概是他身體始終保持硬朗的原因。

第四節　蔣介石夫婦夜生活

在大陸時期，官邸的夜生活，是多彩多姿的，到了台灣以後，一方面是老先生夫婦年紀也大了，他們已經沒有年輕時代那樣旺盛的精力；儘管如此，入夜之後的士林官邸，還是有一分和一般豪門巨宅不一樣的柔和氣氛，散布在空氣當中。

老夫人是一個很注意生活情趣的舊時代新潮女性，有她在的士林官邸夜晚，自然在生活步調上，是和一般的傳統官宦人家，存在著相當程度的差別。

宋美齡喜愛看電影，在士林官邸可以看到各式各樣電影片，不管是中片或是外片，幾乎只要可以在國內找得到的，專職人員都會設法拿到未上映的影片。

當年專門幫士林官邸張羅電影片的，是「勵志社」電影股股長袁道生，一些未上檔的電影，袁道生聽說老夫人或是老先生有興趣，就立刻到出品這部電影的電影公司，伸手向這家公司要電影拷貝。正常情況下，大家只要見到是袁道生出馬要片子，都知道是老先生或蔣夫人要看電影了，縱令電影公司骨子裡不願意，礙於官邸的大招牌，又有誰敢囉嗦或是拒絕？

宋美齡可以為了看一部片子，看到廢寢忘食；可是老先生不受好片子的誘惑，到了該睡覺的時間，他一定叫暫停，在他看的某個段落做下記號，等明天或是改天再看。在我印象中，老先生很少一次看完一整部電影的，總要分成好幾次，才看完一部電影。

如果有比較合老先生胃口的電影，他通常會先上書房做四十分鐘的靜坐和祈禱以後，再下樓看電影；但只要時間差不多了，他不管電影劇情如何發展，他一定毫不猶豫，馬上回房睡覺。

晚上上床之前，照慣例老先生是先做靜坐四十分鐘，再散步片刻，然後才回房入睡。

老先生入睡前的動作也是相當有意思的，他有一個獨門的健身方法，上床後，先用手在自己的肚子上按摩，先是順時針按摩二十下，再是反時針二十下。據說他的這個按摩法，可以讓腸胃的蠕動順暢，對內臟和消化都有幫助。

做完腹部按摩，老先生慢慢入睡，在夏天他習慣蓋一床紡綢薄被，冬天蓋薄絨被，天氣較冷時，再加床毛毯。

老先生通常是喜歡側睡，他不論是冬天抑或是夏天，他睡覺時從來不露雙腳。人年紀大了晚上睡覺會常半夜失眠睡不穩，有時國事煩心，常有失眠情形，所以，我們會在他的床頭櫃內擺一、二粒鎮定劑和安眠藥，因為醫生交代而劑量輕，不會影響第二天的精神，老先生非常節制非必要不會服用，對醫生的專業建議絕對言聽計從。

第五節　隨從的餐桌甘苦

「深體領袖苦心」這句話講起來容易，可是等到要自己做的時候，就知道完全不是那麼一回事了；尤其是服侍上位的人吃飯用餐，更不是單單一句什麼空泛的「深體領袖苦心」所能概括。畢竟，我們不是他們的肚裡蛔蟲，不可能每件事做得盡善盡美，用膳的時候冒著被指摘的風險。在士林官邸，有訴說不完的餐桌故事，其中當然有一大半，是因為侍從人員不經意間鬧的笑話。

雞湯事件，是副官之間最引以為戒的一個案例。

蔣介石吃早餐，依慣例，是先吃一片木瓜，再開始吃早點，早點的菜式有時候是西式，有時候是中式；吃正餐時就一定會準備一碗雞湯，雞湯的溫度要適中，所以，我們通常是在他吃木瓜的時候，就已經把雞湯擺在桌上，等他吃完木瓜，用正餐時，我們就把雞湯一併送上，控制到溫度剛剛好，這是我們的經驗。

有一次，可能是廚房沒有留意湯的溫度，老先生吃早餐時一向是由副官伺候。不巧的是，那天值班副官端上去的湯，湯表面漂浮的那層油水讓人忽略了高溫，老先生沒有注意，喝湯時呼嚕嚕就入口，那裡想到那湯還燙得很，熱湯剛一進入口內，老先生臉色就大變，「卡噗！」一聲，老先生嘴裡的湯液整個吐了出來，搞得一桌子湯漬。

老先生勃然大怒地朝值班副官吼道：「你這個混帳！你想要害死我啊！」

值班副官嚇得臉色發白，不知所措地愣在當場。這時，當然也不會有任何人來打圓場，事實上，問題是發生在廚房，由於廚師的疏忽，忘了控制降溫，副官只負責把那碗熱湯端上來，他並不知道那碗湯的溫度有多熱多燙。老先生是不管這個問題出在那裡，假如真要追究，當然廚房是逃脫不了責任，換言之，值班副官等於代人受過，白白挨了一頓罵。

好一陣子，官邸內務科被熱湯事件弄得大家膽戰心驚。

還有一次，一位專門負責開飯的下手，沒分清楚鹽和細糖，不小心把精鹽放在糖罐裡，結果他自己走開了，留下我們在一旁服侍老先生用餐；老先生通常飯後有喝杯阿薩姆奶茶的習慣，那天他吃過飯，照例還是喝紅茶，他打開糖罐子，加了一湯匙多一點的「糖」，慢條斯理地把杯子裡的茶液調勻，然後輕啜了一口，誰知道才喝一口，老先生又是「卡噗！」一聲，把嘴裡的茶水全部吐在桌上，我在旁邊看了嚇了一大跳，不知道發生什麼事情。還好那天他沒有大發雷霆，老夫人雖然也楞在當場，可是，並沒有怪罪下來，否則不曉得又有誰要走路了。後來知道是開飯同仁把糖和鹽放混了，上面沒有深究，心中的那塊大石頭才算放下來。

第六章

大內侍從秘辛

士林官邸內部的人員，如果從職務來劃分，基本上可以分為二大部分：其一是內務科系統，主管老先生全家的生活起居照應；其二是侍衛系統，主管老先生夫婦和家人的安全警衛工作。如果拿它和帝王時代宮廷相較，內務科無疑和大內太監沒什麼兩樣，如果你要說官邸侍衛像封建時期的御林軍，大概也相去不遠。

第一節　內務科一頁滄桑

內務科的編制，早在北伐時代就已粗具規模，到了南京時代，內務科的建制便大致就緒，特別是抗戰勝利後，內務科更是人員繁雜、編制龐大，已經儼然一個小紫禁城，而蔣介石就是這個紫禁城唯一的皇帝。

行憲以來，內務科就隸屬於總統府第六局管轄。南京時期，內務科的機構非常龐大，除了南京有它的人馬，就連宋美齡當年在上海的公館，也有內務科的人員在該處服侍隨時來長住的宋美齡。只要是老先生夫婦會去的地方，幾乎都有內務科編制人員，隨時待命。

南京時代，內務科的科長是袁廣陛，他當副官時已經官拜少校，袁廣陛在老先生任北伐軍總司令時，就當老先生的副官，一直到台灣來，袁廣陞因為年事已高，老先生要他就在內務科養老，來台灣後，沒有什麼職務。

袁廣陞的繼任者是蔣孝鎮，講起蔣孝鎮其人，更是充滿了傳奇色彩，其實，他也可以說是老先生的救命恩人，也是老先生老家子姪輩的親戚。

一九三六年十二月十二日，發生震驚中外的西安事變時，蔣介石倉皇逃走，在夜暗中，後有追兵、前路不明的情形下，蔣介石連鞋子都在慌亂中失落，堂堂一個三軍總司令卻連鞋子都來不及穿，就疲於奔命，當時，護衛老先生逃離現場的蔣孝鎮，見委員長沒有穿鞋子，趕忙脫下自己的鞋子，給老先生穿上，他發現後面的追兵愈來愈接近，身後槍聲仍然不絕於耳，情況相當危急，蔣孝鎮顧不得自己兩腳沒有穿鞋子，背著老先生就在夜暗中翻過圍牆向後山奔逃。

最後，蔣先生依舊被楊虎城和張學良的叛軍捉住，但是，所幸蔣孝鎮把自己的鞋子給了他穿，因為他們逃走的一路上，遍地都是帶刺的荊棘，蔣孝鎮強忍著雙腳赤裸踩在地上荊棘的疼痛，居然背著他走了一大段路程，二人被叛軍俘虜時，蔣孝鎮雙腳已經是鮮血淋漓，老先生當時對蔣孝鎮就非常感激，要不是蔣孝鎮赤著腳背他走，他不是被亂軍的子彈打死，就是雙腳已經和蔣孝鎮一樣血肉模糊。

事變和平解決之後，老先生平安返回南京，蔣孝鎮這位救命恩人，也在老先生的交代下，住進南京最好的中央醫院，腳傷治療痊癒之後，重回老先生的身邊服務，後來，在內務科科長袁廣陛離職以後，蔣孝鎮就正式接任內務科長的工作，救命恩人成了內務總管，職司大內雜務負責人，這也是老先生給這位裁縫出身的親屬，一個最大程度的「栽培」。

基本上，蔣孝鎮是一個從基層幹起的侍從人員，他從大陸時期就當老先生的副官，一直到台灣才晉升為內務科長，他真是為蔣介石出生入死、忠心耿耿，從來沒有聽他有任何抱怨，但是，就因為他對先生、夫人的忠誠，他對內務科並沒有什麼比較具體的興革，一切依老先生和老夫人的意旨辦事，從來不會自作主張，更沒有絲毫逾越之舉，作風十分保守，因而也有人認為他在魄力方面是明顯不足的。

第二節　內務科長職缺糾紛

到了一九六一年左右，蔣孝鎮因為年齡大了，準備退休，而內務科長的繼任問題，卻在官邸引發了一場不小的風波，即便在老先生和夫人之間，也引發了一些小摩擦。

事情發生的原委是這樣的，當時，老先生雖然很少插手去管內務科以及官邸家務事，可是，他對官邸重要人員的任用，還是存在著一定程度的定見，然而，夫人在那次的內務科長人選的問題上，也相當堅持她的主張。

原來夫人心中早就有了內定的人選，這個人就是陳杏奎。

陳杏奎其人可以說長得相當體面，外貌堂堂。我們從溪口撤退後再到廣州時，他身穿西裝，進黃埔軍校大門，門口的衛兵不知道他是何許人也，以為他是某位大官，朝他必恭必敬地敬禮，讓認識的人看在眼裡，不禁啞然失笑，其實他是到菜市場買菜回營區；而另外有一位真正的大官——俞濟時，有次行經大門，門口衛兵見他穿件舊中山裝，人又長得矮小乾瘦，衛兵見了他連正眼都不瞧他一眼。

這件事情，在當時官邸曾經一度引為笑談。

陳杏奎早在大陸時期，就是老夫人身邊最得寵的廚師，陪著老夫人撤退到台灣以後，成為老夫人身旁最資深的人員之一，所以，老夫人把他視為最忠心的下人。每當官邸用飯時，老夫人經常會問：「那一樣菜是陳杏奎燒的啊？」只要有人說某樣菜是陳杏奎的手藝，管保老夫人一定對陳杏奎燒的菜大加讚揚，他也因而成為老夫人心中手藝最傑出的西菜廚師。

事實上，據他們對廚務特別了解的人員說，官邸有不少可口的菜肴都是出自另外一位廚師的手藝，這位廚師是陳寶漢，他在年輕時代，曾經在上海專門向法國師傅拜師學過西餐手藝，寧波菜燒得非常合老先生的口味，從南京、溪口等地，一路跟隨老先生撤退到台灣來，有人說，夫人誇讚的好菜，其實有不少是陳寶漢的傑作。

陳寶漢人長得矮小結實，外表也不出色，可是確是一位十分出色的廚房大師傅，這位大師傅，平時待人也十分客氣，我們副官都用上海話稱呼他「小阿哥」，而他則稱呼我們為「阿弟」，大家處得很親切。這位個子矮小的廚房師傅，還是武功高強的能人，身體十分健朗。

在官邸廚房還有一位袁師傅，是顧祝同將軍介紹來的自家中菜廚師，和陳寶漢是不相上下，也十分得老先生歡心，還有一位廚房助手叫蔣茂發，後來也是一位手藝特別受老先生和夫人喜愛的大師傅之一，所以，從這裡可以看出來，官邸出色的廚師不止陳杏奎一位，而老夫人之所以會對他有特別的關照，應該和她長久被他伺候，在主觀上對他特別愛護有關。

一九六一年前後，士林官邸內務科科長出缺，老夫人就力薦陳杏奎繼任科長一職，老先生對夫人的這項建議，覺得並不妥當，他不贊成地說：「大師傅怎麼可以直接升內務科科長？」可是，蔣夫人卻執意要提攜陳杏奎，最後，在她百般堅持之下，說服老先生寫下升任陳杏奎當內務科長的條子，於是，陳杏奎終於晉升科長。

這位新科長和前面幾位科長，最顯著的不同點，是在他作風上的強勢作為，喜歡下屬和他套關係，所以，難免開罪了不少人。陳杏奎畢竟有夫人為他撐腰，不管官邸內務科的人，還是官邸外的人，知道他的身分背景的人，都沒有人敢纓其鋒，所以，在內務科長任內，陳杏奎自是風光不可一世。

可是，孔二小姐回來以後，士林官邸又有了一番新的局面，內務科也連帶受到相當程度的衝擊。

第三節　孔二小姐旋風

一九六二年十月二十三日，離國十七年的孔祥熙夫婦帶著孔二小姐，從美國來到台灣。

孔氏夫婦就住在博愛路的博愛賓館，也就是現在的北美事務協調委員會在台北的辦公地點，孔氏夫婦在台灣住了一段相當長的時間，後來，孔氏夫婦離開台灣，孔二小姐則繼續留在台北，和宋美齡作伴。

為了就近和老夫人作伴，官邸特別為她在官邸對面騰出一間招待所，專門供孔令偉住。

孔二小姐性喜女扮男裝，嘴裡經常叼著一根煙斗，十足的大男人作派，除此之外，她的身世之謎，也是士林官邸茶餘飯後談論的話題。

就在陳杏奎內務科做得最風光的時期，孔二小姐闖了進來，因為陳杏奎的強勢作風，他多多少少得罪了一些官邸的下人，對他不滿的人希望搞垮他，就到孔二小姐那裡告狀，數說他的不是，這些人會找孔二小姐告狀，一個最主要的理由就是孔二小姐在夫人面前的地位，老夫人確實非常信任孔令偉，不但官邸大事小事聽她的建議，圓山飯店興建監工那樣的大事，老夫人都交給了孔二小姐，可想而知她受重視的程度。

從此，陳杏奎的影響力受到了一定的侷限，而且因為告狀的人愈來愈多，經過孔二小姐這個「轉播站」的轉述，夫人對陳杏奎的信任，大打折扣，這亦是陳杏奎逐漸失勢的原因。

陳杏奎既然失寵，孔二小姐便有取而代之的架勢。孔二小姐對官邸內務形形色色表現出極大的興趣，一九六〇年代經常可以見到孔二小姐在官邸的廚房穿進穿出。當時，她給我們的印象是什麼都管，但也什麼都不管，有時有人問到一些事情，她就十分輕鬆地說：「我怎麼知道你說的那件事情，那與我何干?!」可是，士林官邸上下又不能不尊重她，因為大家知道她的背後就是老夫人，得罪不起。

孔二小姐非但插手官邸大小事務，竟連老夫人掛名的幾個機關團體，像婦聯會、振興復健醫院、華興育幼院等等，孔二小姐都要插手管一下。

由於孔二小姐不斷向老夫人反映，一般下人對陳杏奎的反感，加上陳杏奎家裡有人生病為藉口之下，他的內務科長也就這樣拱手讓人，由李大偉接任。

李科長接任之後，內務科漸漸平靜，從那時起，士林官邸開始進入多事之秋，上面已經沒有心思去注意底下人的風風雨雨。

第四節　現代大內探秘

士林官邸的內務科，恐怕是上世紀中國，最後的一個宮廷大內機構。

內務科一共配屬了二十幾個人，這二十幾個男女，包括洗衣工人、做衣服的裁縫、燙衣服工人、雜務工人、倉庫管理工人、花園園丁、廚房工作人員等，這二十幾個人組成的一個小社會，大概多數是老先生從大陸帶來的一些人，少數是從台灣就地招募的。

這些工作人員的人力編配，大致上是這樣的，專門照顧老先生的副官有三人；照顧老夫人的傭人有男女各一人，男人負責雜務，女傭負責照拂她的起居生活；廚房裡面有大師傅三人，助手二人，下手若干人，裁縫二人，洗衣工人一人，燙衣工人一人，另外還有清洗客廳、插花、園丁、工人等各若干人。

這些人全部是專職人員，平日各有職司，完全以老先生夫婦和蔣家的近親為服務對象。

這些官邸內務科的工作人員，大多數是住在官邸附近的眷村裡面，這樣可以隨傳隨到，不致耽誤公事。因此，我們這些工作人員，在行動上是受到工作任務很大的牽制的。特別是老先生要出行的時候，不管那時是逢年還是過節，我們副官和內務科的所有人員，便得一律停止休假，全員到齊，和老先生一起出巡。

許多年老的同事，把自己的身分看得很低，因為，蔣家的人有把我們當作他們家族的奴隸的心態，他們年老一輩的同仁，有這樣的想法是很自然的一種反應。特別在大陸時期，老先生年富力強階段，潛意識裡面有朕即天下的心態，不知不覺間會自認為君臨天下，黨國在大陸垮台以後，儘管金陵王氣散盡，退居海島，老先生仍舊難脫帝王思想。另一個原因，經國先生在有意無意間，刻意把老先生與外界「孤立」起來。縱使他是出自「善意」，但是令人費解的是，他想方設法將老先生神格化，並且把老先生抬高到無以復加的位置，究竟所為何來？

在這樣的客觀背景下，老先生不自覺地把自己想作是不會犯錯的聖賢，如果他有任何錯誤的話，也是周圍的人給他捅的漏子，如此一來，內務科人員不免就要在一些時候，做老先生的出氣筒。

記得有一回，老先生把他自己桌上的東西放到另一個地方，臨時要找卻找不到，情急之下，就對我們副官人員罵得狗血淋頭，幾分鐘後，副官為他在旁邊找著了，他心裡恍然大悟，原來是自己剛剛拿了，年紀大了一時健忘，搞錯了東西放置的位置，讓我們這些個無辜的副官白白挨了一頓好罵。

老先生明明知道是自己放忘了地方，是自己的錯，和我們副官無關，他也不願向我們說一聲抱歉，他除了沒有向任何人說抱歉的習慣之外，也絕對不會向他心中視為奴才的內務科人員，說一聲抱歉。

老先生畢竟是年紀大了，他喜歡聽一些好聽的話，所以，經國先生非常清楚他的心理，便很善於為他營造這樣的氣氛。

譬如說，當一九六〇年代起，老先生到任何場合，都會有一些人，在老先生臨離去之前，高喊：「蔣總統萬歲！萬萬歲！萬萬歲！」之類的口號。老先生聽了之後心花怒放，笑得合不攏嘴，我們站在一旁看他高興的表情，可以感受得到，他雖然不是出於主動要把自己塑造成皇帝的模樣，半推半就之間，他似乎也並不排斥這種「三呼萬歲」的情境場面，而且還有些沉醉其中，樂陶陶的況味。

最讓我印象深刻的，是在一九六七或者六八年的十月三十一日，那天，在大溪慈湖賓館，老先生至親好友，為他唱戲祝壽。有關方面還特別請來大鵬劇團的學生來支援唱戲，大鵬的名角廖苑芬飾演鐵鏡公主，杜月笙的夫人姚玉蘭也粉墨登場，那場在慈湖大客廳演唱的平劇結束以後，老先生興高采烈，連忙交代我們去拿中央銀行特別鑄造的祝壽金幣來，給大鵬學生每個人發一枚金幣，以資犒賞。平日自奉甚儉，而當自己高興的時候，就拿金幣來分送給眾人，這就是他的個性。

我從一開始，就把老先生視為自己祖父輩的老人家來伺候，誠然，他的年齡也確實可以做我們的祖父。何況，老先生有他的人性善良的一面，他對下人的那種威權意識，我們是可以體諒的，因為他生活的年代，是中國威權意識最高漲的時代，在他的舉手投足之間，仍時時刻刻不自覺地流露著對晚輩的關懷，所以，為他服務，至少在情緒上是很平衡的。

然而，他的兒子經國先生就不是這樣的個性，他對外面的人們是一個嘴臉，對我們又是另一副容貌。

第五節　現代奇聞轎夫班

大陸時期，由於中國幅員遼闊，加上政府因為抗日戰爭，曾經退居西南後方，在這樣地形複雜的地區，自然要有特殊的交通工具，來肆應環境的需求，這便是重慶時期，官邸轎夫班成立的客觀背景。

這些轎夫的挑選和訓練程序十分嚴格，轎夫主要的挑選原則，是個子要平均，身材要適中，而且，只要抬起轎子以後，彼此之間的步履更要相互配合，否則，不但坐在轎子上的人會感覺不舒適，而且讓人沒有安全感。老先生夫婦坐的轎子，是由二個人前後抬著，基於安全考量，左右二邊還各有一位轎夫，在一旁跟著，只要發生有轎子抬得不是很安穩的情況，二邊的轎夫就立刻上前扶持，以防止傾倒或是意外情事發生，等前後的轎夫體力耗得差不多了，再由這二位副手上前接替，而原來的抬轎人，就變為副手，一旁跟著護持。

一直到台灣，官邸都有從大陸帶來的二頂轎子，供老先生夫婦出遊時使用。官邸轎子比中國西南地區使用的「滑竿」，在形制上和材質上，都舒適許多，外觀上，它的椅子是藤製的，轎椅的上方還有像後來的三輪車一樣的折疊式遮篷，可以無畏日曬雨淋。

在人員編制上，到了台灣以後，基於總統府人員縮編的考慮，轎夫班已經合併到內務科的編制下面，在平時用不到轎夫的時候，這些為數約有十餘人的轎夫，被編制到總統府清潔班，從事清潔雜役的工作，到了老先生要出巡，而且需要乘轎子的時候，再從內務科裡，把這些轎夫們重新加以編組，執行任務。

從一九五〇年代以迄於一九七〇年代，老先生夫婦在全台灣各個偏遠山區遊歷，如果當地沒有行車用的公路，或是在風景清幽的羊腸小徑，他倆經常乘著轎子，徜徉於山水之間，像桃園復興鄉的角板山、日月潭等地，兩夫婦都有過乘坐轎子的經驗。

坐轎子舒服，抬轎子則是一件累人的差事，而且，老先生夫婦出行，帶的東西不但數量多，種類更是繁雜，他們倆坐轎子，我們非但要走路，還要用推車運載二位老人家的行李和日常用品，所以，每次出巡，不但內務科上上下下累翻了天，連轎夫也是個個腰痠背痛、暗自叫苦。

從這裡也可以想見，老先生夫婦當年是過著什麼樣的生活，所謂「仁者樂山、智者樂水」，實際上是內務科的轎夫們，憑藉著原始的人力，把二位老人抬到山水之濱的。

誠然，老先生不承認自己是封建帝王，但是，各種享受卻明白地顯示，他過著一種二十世紀絕無僅有的一種奇特生活方式，這種生活形態，只有在清代的紫禁城裡，才看得到那樣的場面。

老先生病了以後，他們夫婦再也沒有聯袂出遊的機會，轎夫班的編制名存實亡，但是，轎夫班的轎夫建制依舊存在，老先生過世後，老夫人身體因腳傷痼疾復發，在士林官邸上下樓也是由轎夫班的人，負責抬上抬下。

轎夫班的轎夫固然平日是在內務科的清潔班工作，亦因個人際遇不同，而有不同的待遇。

最典型的例子，大概就是孔令偉的副官劉副官，在大陸時代，他是老先生的轎夫，到了台灣，還當過一陣子的轎夫，後來，孔令偉和她的父母來到台灣，孔令偉對這位孔武有力的轎夫印象不錯，就向老夫人要人，老夫人對孔令偉向來言聽計從，就答應了她的請求，把這位劉姓轎夫調到孔令偉的身邊，做她的專任貼身副官，這是在蔣氏家族之外，少數幾個有貼身副官的人，可見老夫人對她的重視和寵愛。

孔令偉對劉副官的信賴，可以從一件事情看出來。孔令偉和老夫人一樣，喜歡在早上起床後，請人為她做全身按摩，老夫人是請一位女副官為她做按摩，而孔令偉則是叫這位孔武有力的劉副官，為她做全身按摩，從這裡也可以想見孔令偉的信任。在她身邊服務多年，孔二小姐待劉副官不薄，這是她十分寬厚的一面。

第六節　蔣介石「下江南」、侍衛人仰馬翻

士林官邸的侍衛系統，係沿襲自大陸南京和重慶時期的侍衛系統，但是，為了配合台灣的特殊情況，也做了一些改變。

在編制上，士林官邸侍衛系統的體系是這樣的：士林官邸的安全最高指揮官，是侍衛長，他的職缺是中將銜，其下有二位副侍衛長，中將或少將缺。在侍衛長的統領

下，官邸侍衛系統又分為二組，其一是最核心的內衛組，設主任一名，下轄內衛組和侍從組；其二是外衛組，設主任一名，下轄有警務組、警官隊、警安組，並且可以指揮外衛憲警人員，執行保衛老先生夫婦安全的任務。

從老先生夫婦出巡時，侍衛人員和官邸內務科工作人員，忙得人仰馬翻的情況，可以想見現代的總統出遊，其實和清朝乾隆皇下江南的盛況相去不遠，而安全布建和各種生活起居雜務，更是繁複。

老先生夫婦若同時出巡的話，他們的車隊規模堪稱十分浩大，在一九六〇年代，老先生夫婦的座車，已經換成各種形式的美國豪華凱迪拉克大型座車，從安全布建的角度，老先生的車隊，可說是一支完全密不透風的鋼鐵隊伍。

總統車隊，基本上第一輛是先導車，是一部凱迪拉克五人座的豪華轎車，第二輛車是總統和夫人的座車，是七人座的凱迪拉克，前座右側坐著座車侍衛官，負責幫老先生夫婦開車門，所謂座車侍衛官，其實就是老先生的侍衛官；第三部車是所謂的「隨一車」，就是第一輛隨行的工作人員座車，裡面坐著夫人的侍衛官，還有總統的副侍衛長或者是內衛組主任，當車隊指揮官，它的後座，右側坐著總統侍衛長，中間的位子，坐總統的隨從副官，左邊是侍從醫官；「隨一車」基本上是為了預防總統座車損壞拋錨時，可以立刻替換總統座車而準備的備用車，因而，這輛車的清潔和車況，都經常保持在最佳狀態，以備不時之需；第四部車是所謂的「隨二車」，和隨一車相同也是凱迪拉克七人座車，坐在車頭右側的，是內衛組組長；第五部車供武官和秘書及一些不擔任警衛工作的人員乘坐。總計跟隨老先生的核心侍衛人員，除了侍衛長和副侍衛長以外，至少還有六位以上侍衛人員隨行，如果再加上外圍的軍警，少說也出動了上百人以上的警衛人力，如果再加上臨時動員的各個情治單位的人力，更是難以估算出動的人力。

別以為這樣的五輛車隊，就是老先生夫婦的出巡車隊，事實上，陪同總統出巡的車隊和相關人員，絕對不止此數，因為，早在老先生夫婦從士林或是陽明山官邸出發以前二十四小時，官邸內務科的先遣人員已經先搭公務車輛，到目的地，打理好諸如用膳、衣著、住處雜務、育樂消遣及一切想到的任何問題。

有時候，假使是要到南部去度假，因為路途比較遙遠，老先生坐長途車比較累，就會改搭專機，總統專機原則上只由侍衛長和侍衛人員及少數一些隨從人員跟上去，像內務科的一些人員，算是先遣人員，所以也是搭乘先遣飛機，先到達目的地，把一切必須處理好的事情先做好，然後在原地等候老先生及夫人的大駕光臨。至於，維護安全的官邸警安組人員，則是先到目的地的警察局，成立所謂的「聯合勤務指揮所」，以官邸的警安組組長為指揮官，指揮當地的軍憲警人員，統籌執行保護領袖安全的一切任務。

到台灣中南部外地出遊，即便是搭專機，老先生的座車還是不能少，為此，我們必須提早將老先生乘坐的豪華座車，先行用火車運送到目的地，供老先生夫婦到達以後使用。當然，像前面講過的轎子，若是地形比較陡峭而且沒有公路可以到達的地方，只好準備轎子，讓老先生去尋幽覽勝。

老先生有時候出巡也不見得就是到外地去遊歷，記得一九五三年，陪老先生去馬祖視察軍情，那天海峽的風浪特別大，他搭陽字號驅逐艦，艦長的座艙作為他的寢室，官邸對船上的伙食還不放心，特地帶來官邸的廚師，到艦上廚房烹飪給老先生吃。

那一次，我記得老先生他們已經上了馬祖岸上，我們則是搭了一艘編號一〇四，噸位不過幾百噸的江字號軍艦，在馬祖外海巡弋護航，上面的意思主要是怕共產黨得到老先生上馬祖的情報，突然派出大批作戰艦艇，來突襲老先生一行。

因為上面有這樣的考慮，官邸侍衛人員便分為二邊，一部分的侍衛人員隨護老先生上岸，我們幾個人留在那艘江字號軍艦上，誰知道那天的浪頭特別大，老先生那天在馬祖過夜，我們那艘江字號就在馬祖沿海警戒，隨浪浮沈，因為船小，顛簸得實在太厲害，許多同仁不習慣這樣的海上行船，不少人已經倒臥船上，有的甚至連肚裡黃水都嘔了出來，還是不住地反胃，搞得兵疲馬困，可是基於職務，我們還是得在這艘小軍艦上巡邏待命。

所幸，我是不暈船的，同仁在底艙休息，我就爬上軍艦的指揮台上，和那艘兵艦的艦長聊天，度過一個漫漫長夜，這艘兵艦剛剛從美國人那邊接收過來，所以兵艦上面有不少美軍留下來的剩餘物資，像是罐頭什麼的，艦長請客，大家飽餐一頓，我在那座由帆布圍繞的指揮台上，過了一個愉快的夜晚，這算是我們侍衛人員苦中作樂的一種形態吧。

事實上，我多年來和老先生走南跑北，已經領悟出一些必須苦中作樂的哲學，否則在繁重的隨扈任務中，早就累垮了。

第七章

深宮傳奇

——宋美齡的官邸生活

民國以來，中國有二個最有權勢的女人，一個是毛澤東的妻子江青，另一個想必就是蔣介石的妻子宋美齡。

孔宋家族在抗戰勝利後，受到當時國內許多人士的指摘，可是，宋美齡依舊是老先生除了蔣經國以外，最倚重的親人，或許，有不少人認為老先生和她之間的婚姻關係，不過是一種政治結合，彼此本來就是基於政治和經濟上的利益考慮，儘管各種說法不一，但是，根據我自己多年的從旁觀察，我覺得至少老先生對夫人是絕對真心至情的；台灣時期的宋美齡，儘管昔日風華不再，然而手采如昔、風範依舊，她在某些作為方面，更加保有了以前大陸時期的強勢作為，甚至連蔣經國都要敬畏她好幾分。

第一節　一窺宋美齡的廬山真面目

我所了解的宋美齡，是一個洋化、強悍、好享受、愛權力的貴夫人。我想我這些看法，大概可以從她的日常生活和一些較為代表性的事件，作為具體的例證。

宋美齡和許多當年在十里洋場待過的人一樣，都是過慣夜生活的人，因為習慣了通宵達旦、歌台舞榭的生活，到了老年，老夫人的習慣還是沒有什麼大的改變，依舊保持晚睡晚起的作息。早上，大概老先生都已經起床五、六個鐘頭了，宋美齡才從夢中醒來，她在醒來後，是不直接起床的，大概總是要躺在床榻上一陣子，先讓她的女副官郭素梅為她做腿部按摩。做完按摩，她才慢條斯理地起床，穿上晨袍，在書房的盥洗室盥洗，然後再自己化化妝。

講到化妝，宋美齡不假手他人，即使是副官也不麻煩她們，最主要的原因是宋美齡大概不太希望別人見到她的廬山真面目，在老先生身邊這許多年來，照拂老先生私人生活那麼久，卻沒見過卸下妝的宋美齡幾次，可見她的善於掩護自己的真面目。

記得有一晚，在老先生的房裡，照顧他老先生，這時，我不經意地回頭一瞥，一個像是鬼魅般的人影，嚇了我一大跳，仔細定睛一瞧，才知道是卸下妝的宋美齡。卸下妝的她，不但臉色泛黃，皮膚粗糙，還把髮髻放下來，拖著長長的頭髮在腦後，乍看之下，真會讓人誤以為是在夜晚碰上鬼了。因為沒化妝的宋美齡，和化了妝的她，相差十萬八千里，我們當然不會想到平日雍容華貴的貴夫人，在她沒有化妝、素顏時候，落差如此之大。

第二節　獨特的養身之道

宋美齡非常重視身材和容貌的保養，是官邸公開的秘密。早年，宋美齡的皮膚很容易過敏，病情最嚴重的時候，甚至是吃了一點海鮮或是沾上一些花粉，就會全身皮膚紅腫，非常難受。後來，她經過一陣子的治療，才慢慢痊癒，以後我們就不曾再聽說她的皮膚有過敏的情形。

郭副官還有一項任務，就是幫宋美齡拔白頭髮，宋美齡十分討厭白頭髮，只要自己化妝時，發現頭上有白頭髮，便非要將之除去而後快，所以，我們經常可以看見，郭副官在幫她拔白髮。

除了容貌上，她盡量要依賴化妝品去彌補一些先天的缺點，她對自己身材的保養更是格外重視，她幾乎每天都會用磅秤量自己體重，只要稍微發覺自己的體重重了些，她的菜單馬上隨之做更改，立刻改吃一些青菜沙拉，不吃任何葷的食物，假如，體重在她的標準以內的話，她偶爾會吃一塊牛排，補充營養。

當然，有時候，她基於保持身材苗條，難免會有一些違反醫學原則的方式，讓外人看起來似乎為了身材可以犧牲一切。

例如，早年她為了維持身材，還經常吸菸，她習慣抽涼菸。老先生是不喜聞到菸味的人，更不允許人們在他面前吸菸，所以老夫人為了尊重老先生，抽菸一定在自己書房裡邊抽，不會到房外吸菸。為身材而抽菸的習慣大概只維繫了幾年，老夫人或許也覺得這個方法有些捨本逐末，後來就戒掉這個減肥方法，再也沒見她抽過菸。

吃的方面，老夫人講求精緻，但是官邸作客，大概沒有人不怕老夫人奉菜的。就以蔣緯國來說，他就對老夫人揀菜給他非常「痛苦」，因為老夫人自己為了保持美好身材，本人吃得很少，可是卻拚命佈菜給他。官邸若有老夫人在的場合，無論家宴或對外宴客，都是很考究的。每位面前放一個大盤子，進餐時，只見老夫人不斷在席間給緯國先生夾菜吃，明明他已經吃飽了，可是老夫人還是不停給他夾菜，夾了幾次，緯國將軍已肚腸飽脹，再也吃不下了，可已經夾在面前的菜肴非把它吃完不可，這是他一向的習慣絕不浪費，所以他經常開玩笑，在士林官邸吃飯，從來沒有不吃撐肚皮的。

美食不在多，而在精緻。這是宋美齡講求之原則。

第三節　小氣的第一夫人

宋美齡自幼就喜歡吃糖，這個習慣即使到了老年，還是不改舊習，事實上很少看到吃巧克力糖，大概是誤傳的結果，外面愛拍她馬屁的人比比皆是，知道她喜愛吃糖的人，自然投其所好，送禮總是得送些當時台灣還不多見的外國進口巧克力，士林官邸的特大號冰箱，經常是塞滿了各式各樣的巧克力，有時候，別人送的糖根本來不及吃。

一方面是老夫人沒有來得及吃，一方面也實在是太多了，根本吃不完，放在冰箱內幾年都沒動過，最後發現時有的都已經黏成一團了，已然不能食用，她卻像對下人多大的恩寵似的：「這些糖你們拿去吃吧。」試想，有誰會去吃快發霉的巧克力？

有好幾次，過耶誕節前夕，她吩咐我們從官邸送一些水果蛋糕去給華興育幼院的小朋友們吃，可是，我們很清楚，這些蛋糕有些都已經放在冰庫裡邊好久了。還有幾次，她叫我們從大冰箱裡，搬出一些存放多時用白蘭地酒製作的聖誕蛋糕，給華興、振興育幼院的院童送過去，有時候也送些糖果去給院童吃。可是，通常她總是把最精緻的東西留給自己吃，普通的東西才給育幼院的兒童吃。

因而，官邸就有人私下批評她，實在太小氣了些，宋美齡都已經一大把年紀了，還和小孩子搶糖果吃，連好一點的都不捨得拿給孩子們享用。

第四節　衣櫥傳奇

宋美齡衣櫥內的旗袍件數，大概現今的金氏世界紀錄無人出其右者。老夫人的旗袍件數多，和有一個勤奮的裁縫師傅，有著相當密切的關聯。這位裁縫師傅叫張瑞香。在大陸時期，張瑞香就跟在老夫人身邊，寸步不離，幾次老夫人到美國去，都還帶著這位御用裁縫，可見他受寵愛的程度。

張瑞香所以受到老夫人那樣愛護的原因，無非是手工細巧、忠心耿耿，張瑞香有好幾次，人已經生了重病都躺在床上了，還是不顧自身健康，繼續為老夫人做旗袍。

因為張瑞香幾乎每天都在不停趕工，為宋美齡製作旗袍，所以，他一個裁縫師傅，大約每二、三天就可以做好一件旗袍，做好以後，張瑞香就喜孜孜地把新旗袍捧到老夫人面前邀功，也不知道是宋美齡不喜歡穿新衣服，還是她只喜愛用純欣賞的方式，去滿足自己的虛榮心，大凡張瑞香拿給她看的旗袍，她只是大略看一眼，就命人拿到自己的衣櫥裡妥為保管，然後便再也沒見她穿過，因而，宋美齡的旗袍大概穿來穿去，總是那幾套，不會有太多的更換。

我們內務科的人都很清楚，張瑞香是除了過年除夕那天休息一天以外，三百六十四天，幾乎無時無刻不在做衣服，而且只為宋美齡一個人做，加上一些大小官太太們知道投其所好，送老夫人的東西多半有衣料，這些綾羅綢緞，就夠張瑞香一年忙到頭，大小官員送得愈多，張瑞香的旗袍便做得愈多，宋美齡的超大型衣櫃，便成為世界最大的旗袍儲藏室。

張瑞香為人甚是客氣，平日省吃儉用，把老夫人給他的犒賞費，全部交給老婆管理，自己克己甚嚴，後來，他們家在陽明山中國大飯店的對面買了一間房子，太太就做點小生意，一家也過得不錯。

因為對老夫人過於忠心，甚至到他死前，他的口中還念念有詞，對不起老夫人，因為還有旗袍沒有做完哩！

第五節　學畫秘辛

下午，是宋美齡的藝文時間，她最早是喜歡畫畫，當然是以國畫為主。

為了伺候她學畫畫，官邸特地延聘了當時最知名的黃君璧和鄭曼青兩位名家，作為宋美齡的國畫老師，這大概是老夫人一九六〇年代初期，最主要的生活消遣。

那時，幾乎每天下午，官邸都要派車去接黃君璧或是鄭曼青，這二位大師對老夫人當然是竭盡所能地傾囊相授，最早，老夫人的畫作功力還很薄弱的時候，所有由老夫人落款署名的畫作，大抵都是這兩位大師的傑作，當然一些比較簡單的線條是由老夫人自己畫的，其他的主要結構，則是由老師去完成。

不過，老夫人在畫畫上的天賦似乎真的非常敏銳，只學了一陣子，可說已經卓然有成，並且頗有大家氣勢，這是不可否認的。

第六節　宋美齡的收藏機密

一九九一年，宋美齡離開台灣赴美國定居，這個消息引起台灣朝野一陣譁然，人們議論的重點是，她究竟從士林官邸帶了哪些金銀珠寶去美國，我記得當時有一種說法是：香港有九七大限，宋美齡有九七大件。

然而，根據我們同仁們的推估，宋美齡應該帶走不止九十七箱寶貝，她至少帶了一百多箱的東西離開台灣，當然這裡面也有部分是隨員們的行李，就因為她和隨員一行帶走了那麼多的物品，難免引起外界的極度關切，一時之間猜測紛紜，然而卻也莫衷一是，不知孰是孰非。

在國民黨的眾多官員當中，當然不乏耿介之士，但國民黨的送禮文化是國際知名的，尤其是在早年台灣一黨獨大的強人時代，更是如此。老夫人既是第一夫人，巴結諂媚者比比皆是。所以，這些人最直接的方式自然就是送禮。

老夫人的書房旁邊，有一間儲藏室，專門存放一些大小官員孝敬她的寶物，大凡老夫人比較值錢的東西全部儲存在這個小房間裡，稍微次級一點的禮物或是過時的禮品，她就差人把東西搬到官邸隔鄰的一棟平房式建築的倉庫裡面去。

早年一些老一輩的侍從人員最常講的一個笑話，就是老先生夫婦爭執的事情。話說抗戰勝利的那段日子，老先生夫婦的感情生活各行其是，宋美齡只要和老先生鬧彆扭，就索性往上海一躲，住在上海官邸，不去理會蔣介石，有時候老先生在南京黃埔路官邸等急了，就打長途電話到上海催駕，無奈宋美齡硬是不買老先生的帳，怎麼勸都不去理會老先生的勸解，有時候，老先生實在給她逼急了，只好低三下四地低聲說道：「DARLING！無論如何都請趕快回來，妳再不回來，傭人們都要造反了，快回來！」就這樣子三催四請，才把宋美齡好說歹說勸了回來，可是，過沒多久，宋美齡又為了別的事情，和老先生意見相左，不管是為什麼事情，最後投降的八成仍是老先生自己，所以，儘管老先生君臨天下，最後屈服的還是他。

| 第八章 |

多事之秋

第一節　陽明山車禍事件

一九六九年七月間，蔣宋夫婦與往年一樣，到了夏天就從士林官邸搬到陽明山官邸避暑。這一年也不例外，可是，這一次的避暑之行，卻是老先生這一生，最不愉快的一次避暑。

老先生的車隊出巡，通常沿途都有非常周密的安全部署，侍衛人員的工作要求是零缺點，但侍衛人員畢竟不是神。陽明山車禍事件，即使是神恐怕也是始料未及的。

陽明山仰德大道是為了方便老先生上下山，才由台北市政府和陽明山管理局撥款興建的，論及路況品質，仰德大道除了山勢陡峭的主觀條件無法改變，其它各方面，這條公路堪稱台北市郊最高級的一條道路了，但車禍還是發生了，這如果不是鬼使神差，便找不到更好的理由解釋它了。

一九六九年九月十六號，我記得那是個晴朗的下午，老先生的車隊，從士林方向要回到草山官邸，當車隊快速經過仰德大道嶺頭附近的彎道時，前導車司機發現前面有一部要下山的公路局班車，停靠在前面的站牌上下客，前導車因為剛轉彎，所以沒有看清楚這部公路班車的後方有沒有來車，這時，突然有一部軍用吉普車從公路班車的後方，突然超車，未經減速，便直接往下衝，前導車發現情況緊急，假如不馬上煞車，很可能就要和那部吉普車撞個正著，於是，立刻緊急煞車。

前導車這樣的處置是別無選擇的，否則就要和那輛軍用吉普車迎面相撞，可是，就在那關鍵性的一秒鐘時間裡，緊跟在後的總統座車來不及反應，座車司機沒踩煞車，車子就猛力撞上了前面前導車的車尾，緊跟在後面的「隨一車」幸好沒有跟著撞上來，否則後果更不堪想像，可是總統座車已經發生了不可收拾的後果。

在撞擊的那一剎那，衝擊力非常劇烈，老先生當時手上還握著拐杖，撞擊的那一瞬間，老先生身體猛然往前衝去，整個人撞到前面的玻璃隔板，老先生胸部當場受到嚴重撞傷，劇烈的衝撞力讓他連陰囊都撞腫了，假牙也在撞擊的那剎那，從口中撞出來。

老夫人是坐在老先生的左側，受到同樣程度的撞擊，在她往前衝的那一瞬間，雙腿撞到前面的玻璃隔板，老夫人當場痛入骨髓，厲聲叫喊。

車禍發生後，現場一片慌亂，侍衛人員忙著把老先生夫婦火速送到醫院急救，副侍衛長孔令晟立刻報告了老先生的長公子蔣經國，並且一邊急著找尋那輛闖禍後逃之天天的吉普車。陽明山，乃至整個台北，籠罩在一片驚恐緊張的情緒之中，蔣經國給情治當局下達的指示是，無論如何也要設法找到肇事車輛，查明真相。至於釀成追撞事故的座車司機，老先生並未深責，他也未受任何處分。

陽明山發生總統座車車禍事件當天，我那時在中央黨部值班，那天晚上，我見到台北市內憲兵和警察的車輛到處奔馳，心裡還一直納悶，到底發生什麼事情？到了第二天，中央黨部秘書長張寶樹從南韓返回台灣，交代下屬送二盆從韓國帶回的牡丹到草山官邸呈獻給總裁，我才知道老先生夫婦出事了，難怪事發當晚中山北路一路，都有憲兵在沿路盤查過往的軍車。

有關方面追查一整天，可是卻什麼線索都查不到，這一點，讓蔣經國十分惱火，他交代情治單位不管有多難查，務必要查個水落石出，有關方面當然清楚這宗車禍事件在沒有查到闖禍軍車之前，絕對不能像一般老百姓的車禍事故，草草結案。

聯指部、憲兵司令部調查組和警方等單位，成立了專案小組，上面的決心是務必要抓到導致座車車禍的軍車司機，才可以罷休。據後來得知，座車車禍事件，整整追查了好幾個月，最後才發現肇禍的車輛，原來是一名陸軍師長的專用吉普車，國防部得知查到肇禍車輛以後，立刻做了最明快的處理，那名師長受到撤職處分。

據查證，這位肇事師長在當天，剛巧是在一項軍事會議結束後，急急忙忙叫司機開車下山，沒想到陰錯陽差，發生了這麼一件不幸的車禍。

這位師長在闖禍當時，也知道那一隊車隊來頭必然不小，可是哪知道會是老先生夫婦座車，他更哪裡知道根本沒有碰撞到車隊一點點，只是因為超車時，總統座車因反應不及而追撞前導車，竟然導致老先生夫婦受到嚴重傷害，在事情發生後，這位師長和吉普車司機因為畏懼追查，曾經刻意躲了一陣子，可是沒有想到還是給查出來。

後來，這位少將師長就因為知情不報，被當局以傷害最高領袖的罪名，撤職查辦，就這樣斷送了自己的前程，當天開車的吉普車司機也按軍法判刑。

不論這兩個肇事者被當局判了多嚴重的刑罰，畢竟老先生夫婦的傷害已然造成。我記得有一次，老先生在事後接見一位老將領時，他也承認：「自從這次陽明山車禍事件之後，我的身體受到很大的影響，不但腿不行了，身體也不行了。」老夫人的腿部也受到相當的創傷，一直到她晚年，她每逢冬天，雙腿都會不適，就是陽明山車禍的後遺症。

原本，老先生身體是十分硬朗的，一年四季，大概只有幾次感冒的機率，然而，在這次車禍不幸之後，老先生的身體出現了惡化的警訊。其中，心臟擴大，是他爾後身體健康的致命傷害。福無雙至、禍不單行，車禍事件還只是一個開端。

第二節　肛門受傷事件

一九七一年十一月間某日，我們隨扈老先生到高雄澄清湖。

有天中午，老先生突然想要如廁，於是，他依照慣例，就叫當天值班的正班貼身副官，隨侍一旁，那天的隨侍副官是錢如標副官。

那時，老先生的身體機能已經不像往常那樣健朗，解大便時經常有便秘情形，有時必須借助甘油球，來軟化大便，那天中午，老先生解手解了半天，大概覺得肛門不適，就命令錢副官，拿甘油球為他潤一潤肛門。這天錢副官也不知是沒睡好覺，還是做事心不在焉，一連插了兩個甘油球進入老先生的肛門，老先生還是解不出大便。老先生心裡直犯嘀咕，立即通知侍衛叫我上樓，值班侍衛急急忙忙跑來找我，說：「快！快！翁副官，老先生叫你去！」我當時是空班，正在中午休息時間，根本不知道是怎麼一回事，也還來不及問侍衛人員到底是什麼急事，就三步併作二步，跑到老先生的洗手間，我趨前一看，簡直驚呆了，怎麼整個馬桶全是鮮血？老先生也不知所措，他有點焦急地對我說：「你快點幫我看看，怎麼回事？錢副官跟我塞了兩個甘油球到肛門裡面，可是大便依舊沒有解出來，你快看看！」我低下身去，仔細打量他的肛門，發現錢副官剛剛為老先生塞的那兩個甘油球，根本沒有塞到肛門裡去，而是塞到肛門旁邊肌肉裡去了，把肛門的肌肉都插破了，豈有不流血的道理。

我當機立斷，立刻通知醫官，趕快來做急救，醫官很快就趕到現場，發現老先生肛門的肌肉已經被甘油侵蝕，有開始潰爛的現象，翌日急電榮總，直腸外科主任杜聖楷為老先生診治，總算止住流血。可是接下來的治療工作，可以說是曠日持久，整整治療了一個多月，肛門傷口才算慢慢痊癒。

經國先生第二天才接到報告，匆匆從台北趕到高雄。到達高雄，蔣經國顯得很不高興，他心裡對侍衛長孔令晟沒有立即向他報告此一意外事件，非常不諒解。當時老先生十分震怒，當即交代侍衛長，老先生只說了一句：「把他給我關起來！」蔣經國就這麼一句話，就告訴孔令晟侍衛長說：「把錢副官送軍法處分！」

孔令晟還是相當理智，孔令晟向老先生報告：「在官邸有個不錯的禁閉室，可以暫時把他關在那裡，如此，這件事才可以不致外洩，這樣又達到了處分的目的，而且又不會洩密，不是一舉兩得嗎？」老先生聽孔令晟講得有道理，就依他的計策行事，立刻下命令把錢副官關押在禁閉室，開始了他為期近五年的牢獄生涯。

老先生去世後，錢副官的境遇受到有關部門人士的同情，最後經多方的求情，老夫人才同意釋放。

當時錢副官的一時大意，確實也使得老先生的身體受到相當程度的影響，記得老夫人宋美齡，就不止一次地責罵錢副官：「就是你這個錢副官，老先生的身體就是給你拖垮的！你是罪魁禍首！」老先生自從肛門受傷，身體一直不佳，而且經常出現大便便秘情況。

肛門的肌肉畢竟是全身相當敏感的一個部分，這個部位肌肉若是潰爛，不但很難治療，而且特別是疼痛難耐，所以，每次醫官來為老先生上藥，我在一旁觀看和協助，發現老先生不但不叫疼，連哼都不哼一聲，從這裡可以知道老先生的忍耐精神，尤其是他和醫生間的配合，更是合作無間，一點都不打折扣。

在官邸醫官的眼中，老先生是最標準的病人，叫他吃藥就吃藥，要他打針就打針，絕對不會對醫生的診治方式有所怨言，或有不合作的情況，這一點，確實教人由衷敬佩。

老先生的身體，是不是錢副官的粗心大意直接造成的，誠屬醫學問題，見仁見智，沒有什麼定見。但是，錢副官塞甘油球不當，導致老先生肛門嚴重外傷事件，確實讓老先生受了一個多月的皮肉之苦。因為受傷的部位是在肛門，所以整整一個多月，老先生是坐也不是站也不是，臥病在床，也只能俯臥，夜晚睡覺連翻身都不行，吃足了苦頭。

第三節　血！血！血！

一九七一年春天，老先生有一次在小便時，發現小便竟然小出血來了，這時，當時高齡已經八十五歲的蔣公，神情大為緊張，立刻要我們叫醫官來查個明白，醫官很清楚這是怎麼回事。

原來，這是老先生以前開攝護腺手術後，造成的後遺症。

攝護腺手術在當時已經不是什麼了不起的大手術。那時，老先生夫婦大概是迷信遠來的和尚會念經，是請美國醫生開的刀。因為當時他攝護腺的病情並不嚴重，所以，外國醫生是用電療的方式，把他攝護腺有問題的部位，用電燒的方法處理。沒想到手術後的第二年春天，老先生某次上洗手間時，發現小便裡夾雜了不少小血塊，一時之間，他真是錯愕驚疑、方寸大亂，在他的心裡，投下巨大的恐怖陰影。

醫生為老先生解釋，這血尿現象應該是手術後的「正常」反應，電療結疤後，如果沒有處理好，多半會有這樣的習慣性出血情況發生，這種小便出血事件經我細細觀察老先生的神情，顯得十分沮喪失志，連散步也都沒有什麼精神，也很少再看到有一絲笑容。

從此，官邸洗手間內就開始擺幾個空的瓶子，只要老先生發現小便有暗紅色的小血塊從尿道流出，就吩咐我們趕快拿瓶子過去接血尿，我們可以明顯地看見他的臉龐是那樣的驚恐失望、黯淡無光，以前那個威儀棣棣的國家統治強人，如今完全變了另外一個人，他內心充滿焦慮、恐慌和對生命的了無信心，不知道未來會發生什麼更可怖的事情。

像女人月信似的小便血現象，持續了一段時間，以後一直到他死亡，每年春天，都會好一陣子出現小便出血的現象，只要出一次血，老先生就會緊張個半死，可是，醫生們似乎已然習以為常，不把他的小便出血當作什麼了不得的事情。

有一天，我當班站在他的後面服侍他小便，忽然見他臉色大變，我知道八成又是他尿血了，就趕忙拿一隻尿瓶給他，他兩手危顫顫地接著血尿，接完後，臉色如土地急聲命令我：「快！快！你把這瓶尿拿給醫官檢查看看，到底裡面有幾個紅血球？」

老先生既然氣急敗壞，我當然也是十萬火急地將這瓶血尿趕快拿到醫官的手上，沒想到那位醫官卻說：「這種毛病是沒辦法根治的，檢查什麼紅血球？你去把它拿去廁所倒掉吧！不用化驗了！」

我只好無奈地把那瓶血尿傾倒在廁所馬桶裡，沒多久，老先生非常緊張地叫來那位醫官，十分慎重地問他：「我的尿裡到底有多少個紅血球？」醫官卻毫不遲疑地說：「報告總統，大概五、六個吧！沒有問題的，這是正常現象！」

其實，老先生哪裡懂得什麼紅血球的單位，醫官也不是故意要欺騙他，而是他有時候太過緊張，搞到自己嚇自己的地步，醫官是要緩和他的情緒，才隨便敷衍他。

儘管如此，老先生對自己排尿會有血，依然是耿耿於懷，十分介意，可是醫生卻對這樣的手術後遺症束手無策，只有任憑它每年復發一次，而年紀大的人畢竟比較怕死，尤其怕見血，老先生亦是如此，每次見血，他的精神就更加困頓委靡，對自己身體健康失去信心。

無獨有偶，自從他開始尿血，整個身體機能也比以前差了很多，此後，他就經常罹患感冒，而且間隔很頻繁，我們明顯發現他的疾病抵抗力已經衰退。

第四節　凶兆

一九七一年，老先生尿血剛剛緩和，某日，我在當班時，發現了老先生一個新的病兆。

我發現老先生沒走幾步路就氣喘如牛，而且他在呼吸時，舌頭不斷往外伸，似乎有些呼吸不順，而且講話時舌頭顯得有些硬，變得口齒不清，我立刻把這個情況向醫官熊丸報告，熊醫官得到我的報告，立刻為老先生做檢查，他的檢查結論是：「老先生可能是血管硬化，但是問題不大，至於呼吸的時候會把舌頭吐出來，是代表肺部缺氧。」

熊醫官還當面嘉獎我一番：「翁元作這個反映很好，以後希望副官人員見到老先生身體有任何小問題，都請隨時告訴我們。」

此後，老先生的四肢反應呈現愈來愈退化的現象，比如雙手會發抖，連他為自己點眼藥，雙手都抖個不停，剪指甲手也是抖得厲害，後來沒辦法，這些需要雙手穩定的工作，都由我代勞了。

一九七二年春天，他和夫人到日月潭度假，住在涵碧樓招待所，那次又發生了另一個意外插曲，讓我們貼身副官大為緊張。

涵碧樓招待所老先生住的房間，和老夫人的房間是緊挨在一起的，我們之前已經得到指示，因為老先生身體已有老化現象，所以，只要他起身活動，一定要有一個貼身副官緊跟在後，以防他有腳步不穩的情況發生。所謂的老化，無非是指他血管老化的問題，因而四肢機能明顯有退化跡象。有一天，老先生穿過夫人書房正要往屋外走來，副官人員遠遠看見他走過來，就立刻要過去隨侍，可是，因為夫人臥房就在一旁，副官人員為了怕驚擾夫人的隱私，只好繞過一個迴廊，快步跑到老先生跟前，可是，在副官人員還來不及跑到他的面前，老先生忽然一個踉蹌，跌倒在地上，這下子立刻驚動了宋美齡，她大驚失色地走出房門，大叫：「是怎麼搞的！怎麼可以讓總統摔倒呢？副官在幹什麼？」在夫人的嚴詞詰問下，沒有一個副官敢答腔，這時，被副官人員扶起來的老先生一面喘著氣，一面說：「這不是他們的錯，是我自己不小心，沒事！沒事！」

老先生嘴裡直喊著沒事，可是，老夫人不那麼想，她餘氣未消地說：「以後不要管我是不是在房裡，只要先生一出房門，你們就給我直接過來扶先生！」

醫官獲知老先生摔跤的消息，也緊張兮兮地跑了過來，為他做檢查，所幸，沒有任何外傷和骨折的情況發生，可算是虛驚一場。

我們從此得到夫人的指示：和先生寸步不離！

我跟在他身邊，覺得他的體力實在大不如前，有次遇到醫官鄧述微，我向他報告老先生身體近況，並且問他原因，他說：「我也沒有辦法，這就是老化。」

老先生也對自己身體的江河日下，覺得不可思議，有次也問鄧述微，鄧醫官答道：「報告總統，這是正常現象，沒有關係！」

鄧述微的用意，很明顯是希望老先生不要有太大的心理壓力，然而，老先生的身體狀況，卻仍然沒有改善的趨勢，我們在他身邊服侍，當然非常清楚，例如他散步，以前可以連續走個半個小時不會累，而他現在即使走個十分鐘，就開始喘氣，而且是舌頭伸出來的那種喘氣方式。

因為老先生的病，官邸籠罩在一種低沉的氣壓當中。

第五節　偽裝

一九七二年五月二十日，第五任總統就職典禮，那時，老先生的體力更是衰弱，可是，國家的名器豈可輕易拱手讓人，國家大典更不能沒有總統本人參加，這是官邸人士，尤其是老夫人的基本看法。為了不讓老先生身體欠安的事實外洩，官邸在就職典禮前夕，想出一個掩飾老先生病情的方法。

這個方法看來非常簡單，就是在總統府大客廳的總統及夫人站立後邊擺上一張沙發椅，典禮當天，貴賓道賀時，就讓老先生挨著那排沙發椅站著。

這樣的設計有一個重要的著眼點，就是為了預防老先生身體突然撐不下來，遇到這樣的情況時，後面的沙發椅就可以發揮作用，一方面，老先生不致跌倒，不會產生危險，另方面，即使在正常情況下，也可以給老先生做身體的倚靠，不會感到吃力，這套方法，據說是孔令偉孔二小姐想出來的妙法。

為了防止老先生臨時體力不支，總統醫療小組還在會場後方安放了氧氣桶，以便老先生在急需時，可以立刻派上用場。

這樣的總統就職儀式，恐怕世界上沒有一個國家有這種情況，在一般民主國家，這也是一件不可思議的事情。

總統就職儀式之後，也就是一九七二年七月二十日病發前一天，還有新任大使呈遞到任國書，那時，也是用這招「瞞天過海」的方式，在總統府的會客室，舉行呈遞國書的儀式。

第六節　昏迷

早在一九七二年六月間，也就是老先生就職後的次月，總統官邸的醫官特別為老先生做了一次全身身體檢查，這項檢查結果出來以後，讓醫官們大為緊張，從檢查報告上看來，老先生的心臟已經比前一次檢查時，更為擴大，如果再不好好調養，老先生未來的身體健康勢必更形嚴重。

總統醫療小組的醫官陳耀翰，看了這份檢查報告，便直接面見老先生，陳醫官很直率地把檢查結果告訴老先生，陳醫官建議老先生立刻停止一切對外活動半年，俾在一個完全封閉的環境下，做最清靜的休息。

陳醫官的意思非常清楚，他深知老先生的身體已經到了十分緊急的狀況，如果再拖下去，老先生的身體只有愈拖愈糟。但是，陳醫官卻忽略了老先生夫婦的想法，果然，老先生聽到陳醫官的這個休息建議之後，大為緊張，馬上去向老夫人告知有關的訊息，並且徵詢老夫人的意見。

「陳醫官要我立刻休息半年，妳的意思怎麼樣？」老先生只是單純徵詢意見，但是，老夫人的想法和醫官的考慮點顯然大相逕庭。她的主要著眼點是總統一旦不在其位，那麼總統的職權豈不旁落？蔣家榮耀誰來賡續？她自己崇高的地位是不是也會受到損失呢？而且，在那個強人領政的時代，如果總統身體不行，不能履行他的職務，和一般民主國家的領導者因病不能執政，畢竟不可同日而語，如果蔣總統身體垮了的消息一旦外洩，豈不是會引起政治不安、人心動盪嗎？這無論對蔣家或是對國家都不是一件好事。

所以，宋美齡心頭不禁對直言的陳耀翰大為光火，不假思索地說：「不要聽他誇大其詞，你的身體還好得很，為什麼要休息半年，這簡直是豈有此理！陳醫官太不識大局了，我去找他去！」

老夫人怒氣沖沖，就把陳醫官叫到房間，毫不客氣地數落了他一頓。

「你應該對事情有個輕重的觀念，你這樣跑去和先生亂講一通，會影響他的情緒的，這個責任誰負擔得起啊？你這樣只會讓他心裡感受到更大的壓力，你知道嗎？何況他剛剛就任總統，他怎麼可以就這樣休息半年，我們的老百姓會怎麼想啊？先生是絕對不能在這個時機上休息半年的，這對國家會有很大的不利影響的，你知不知道？」

從此，只要有任何有關老先生的病情報告，都要經過老夫人的允准，才可以對老先生講，老夫人的理由很簡單：這樣是為了老先生的心理著想。

醫官完全是基於老先生的病情考量，他們對夫人那套摻雜了政治權力的說辭，除了默然聽命，毫無申辯之餘地。悲劇性的後果是，事情果然被陳醫官不幸言中。

幾天後，總統醫療小組的醫官突然交代我們，從那時開始，要把每天喝多少水、排多少尿，都要一一記錄下來，我記得那幾天老先生的身體更是每下愈況，稍稍活動一下，就感覺氣喘，喘氣時舌頭還不停伸出來呼吸，這就是典型的缺氧現象，晚上，老先生經常會因為氣喘不止，覺得胸口氣悶，醫官給的建議是，只要感到氣喘不過來時，就到陽台外吸幾口新鮮空氣再回去睡覺，醫療小組還開給老先生一種藥片，只要老先生覺得氣悶，就在舌下含一片藥片，後來我們才知道，那是一種心臟病的特效藥，叫「痲地黃」，可以強化心臟和使血管通暢。可是，因為陳耀翰被夫人當面指摘的事件，所有的醫官都再也不敢直接向老先生面報病情，必須先向老夫人報告之後，再會商如何向老先生解釋病情，當然基於不影響老先生情緒的考量，透露給他的消息，不外是「沒關係」、「多休息」之類不痛不癢，和病情無關宏旨，或者索性隱瞞實情。

縱使醫官進出老先生房間的次數增加了，各種檢查項目也明顯加多，卻沒有人敢再告訴老先生實情。明眼人很清楚，醫官跑總統書房跑得愈勤，就是表示老先生的身體已經到了要拉警報的地步，老夫人不答應讓老先生休養半年，老先生自己也堅持繼續處理一些比較重要的公務。

即令是對蔣介石粉飾太平，醫官仍是不斷向宋美齡提出一次比一次悲觀的檢查報告，迫使老夫人不得不做出若干因應之道。

早在老先生發生車禍那年，總統府第三局就為他做出了一連串的計畫。像是總統府內加裝電梯，可以讓老先生下車後，直通電梯，而電梯到了三樓，只要再走幾步遠，就是他的辦公室。但是，就一個心臟可能隨時告急的八五老翁而言，即便辦公室作了如此貼心的設計，也很難改變命在旦夕的危機。

幾經說服，老夫人似乎也意識到事態的嚴重性，她明白假如不立即給老先生更大力度的醫藥處置，老先生的病況很可能一發不可收拾。老夫人下令立刻在既有的醫療團隊中增加兩位台灣最頂尖的心臟科權威，姜必寧、李有柄。姜醫生是榮總心臟科主任，李有柄則是心臟血管科主任，這二位權威醫師的加入總統醫官陣容，其實已經相當程度地顯示了老先生病況的嚴重性。

七月前後，老先生連吃飯都要停頓好幾次，要喘幾分鐘氣，才能夠繼續進食，有幾次，甚至吃到一半，竟然會全部吐出來，這都是心臟病要發作的前兆，醫官們此時更加肯定老先生的病況已呈一觸即發的態勢，總統醫官一方面更加小心觀察老先生的病情，一方面準備到海外邀請治療心臟病權威，能夠在最短期間內，盡快找到這方面的適當人選。

一九七〇年代初期，台灣十分缺乏治療心臟病的醫學專家，總統官邸醫官幾經討論，推派盧光舜醫官去美國，邀請當時在國際心臟病治療方面，頗負盛名的權威專家余南庚博士，回台灣來為老先生治病。

總統官邸醫官所以會有這樣的想法，主要也是希望找到一位可以妙手回春，而且是專家龍頭的權威，為老先生找到一個根本治療的方法，盡快治好他的心臟病，當然，醫療小組會去美國「取經」，主要的壓力來源，除了老先生病情的壓迫感之外，更大的壓力來源，無疑的是來自老夫人那邊的急切心理，在幾經治療，卻仍無起色的情況下，老夫人已經漸漸失去耐心。

情勢如此，官邸醫官除了去海外請「會念經的和尚」外，似乎別無選擇，這便是盧光舜遠涉重洋去美國請余南庚的基本原因。

余南庚，是我國早年留學美國的優秀醫學人才，曾經擔任過美國的心臟醫學學會的會長，是中國留美醫學人才中，少數的頂尖心臟醫學專家，他也是經過總統醫官一致公認當年最優秀的心臟醫學權威，咸認如果能夠把他請回台灣，老先生的病情應該還存有康復的一線生機，大家有這樣的共識，再經過老夫人的允准和支持，才決定盡速派遣盧光舜前去美國，延請他回國為總統治病。事不宜遲，幾乎就在和老夫人開完會的第二天，盧光舜就趕赴美國，希望盡快找到余南庚博士，並且馬上回到國，解老先生心臟病的燃眉之急。

七月十九日，盧光舜剛啟程遠赴美國請余南庚，殊不知，三天後，台北陽明山中興賓館卻發生了驚天動地的大事。

七月二十二日，官邸內務科為歡送卸任侍衛長孔令晟將軍，歡迎新任侍衛長鄒堅將軍，那天中午，舉辦十分簡單的迎新送舊餐會。

餐會結束後，那天我沒當班，坐林武官的車子下山，回家休息。

第二天，銷假上班，在上交通車的時候，覺得那天的氣氛有異，怎麼大家都是一副人心惶惶的樣子，不知道是出了什麼大事，一問之下，才曉得是老先生突然在二十二日的下午昏迷了。

據我事後了解，老先生昏迷的情況是這樣子的，二十二日中午副官照顧他吃中飯，沒想到他不但胃口不佳，邊吃還邊大口喘氣，吃到一半，因為反胃吃進去的東西全部吐了出來。包括姜必寧、李有柄在內的醫官，發現他隨時有發病的可能，然而卻不知道如何有效防治這樣的突發狀況，畢竟醫生不是上帝，他沒有能力讓每一個病人不藥而癒，更不可能防範所有疾病的發生。

為了防止老先生的心臟變生肘腋，陳耀翰那天上午正巧去榮總安排老先生住院事宜，孰料老先生的病情急轉直下，還沒來得及讓醫官為他辦妥住院準備工作。

當天午睡時間，老先生突感胸口氣悶，醫生得知了這個情況，立刻想把他移到他房間的臥榻上休息，可是，當副官正受命要把老先生抱到臥榻上時，他就突然昏厥過去，這時，中興賓館上下一陣混亂，醫官和護士人心惶惶，連開氧氣裝置都弄了老半天，直到陳耀翰被緊急召回官邸後，才在陳醫官的指點下，開啟了氧氣開關，為老先生接好氧氣管。

乍然之間，大家是手足失措，不知如何是好，盧光舜遠在美國，一時聯絡不上，也不知道他有沒有找到心臟權威余南庚博士。而這裡老先生的病情已經等不及，昏迷在床，情況危急令官邸上下籠罩在焦慮之中。

那天當班的熊丸醫官，本來要連夜把老先生送到榮民總醫院第六病房，然而又怕在運送過程中，稍一不慎，會讓心臟病發作的老先生病情弄得無法收拾，所以，斟酌了老半天，沒有人敢下決定把老先生大老遠從陽明山的中興賓館，送到石牌的榮民總醫院，於是，醫生們只好當機立斷，立刻在中興賓館成立了一個老先生的急救站，動員了所有的榮民總醫院的醫生、護士，來回奔波，要把老先生這條在死亡線上徘徊的生命，從陰陽交界處搶救回來。

宋美齡這時發揮她臨危不亂的鎮定精神，她指揮若定地指揮在場人員，從老先生昏迷的那刻起，停止一切休假，而且，所有的文武職人員，一律不准和家人聯絡，如果有任何工作人員的家人打電話上山詢問去處，一律答到南部出差公幹數天才會回台北。所以，那一陣子，有不少醫官或是官邸工作人員的太太都以為丈夫失蹤了，後來才知道是老先生病發。老夫人就像一個戰場上的指揮官，指揮所有的官邸人員如何應變急救，而醫生除了要在老先生病榻前忙著監測老先生病情、為老先生做性命攸關的急救，還要隨時向老夫人報告最新的病情發展。

中興賓館的氣氛空前凝重，當我二十三日上午回到中興賓館，官邸已處在最緊張的狀態中，我見到老先生的鼻子、嘴巴，只要是有孔的地方都插上了各式各樣的管子，心電圖在滴滴答答地響著，一旁的醫護人員全部像是熱鍋上的螞蟻，忙成一團，一會兒醫療小組的醫官要侍衛人員派車去榮總拿藥，一會兒又是要我們幫忙清理床鋪，為大小便失禁的老先生整理床鋪。

我們幾個貼身副官，以車輪戰的方式在老先生病榻前服侍著，說實話，我們是真摯地希望老先生趕快好起來的，可是老先生的病情卻讓人憂心忡忡。

「老先生能不能過這一關，完全看能不能撐過最初的兩個禮拜！」這是醫療小組成員對心臟冠狀動脈病症的一種經驗之談，可是大家心裡都有種不祥的預感，醫療小組連續打了幾次電話給到美國的盧光舜，催他趕緊找到余南庚；另方面，老夫人在失望傷心之餘，已經做好了為老先生辦後事的心理準備，甚至連怎麼移靈的步驟都已經預做了安排，以及模擬演練。

時間分分秒秒地挨過，大家圍繞在老先生病榻四周，正在危疑絕望之際，有位醫官不經意聽見老先生嘴中似乎在念念有詞，非常吃驚地告訴我：「翁副官！快來聽聽看，老先生好像在說什麼，你應該可以聽出一些什麼來吧！」

在大夥全都一陣茫然的這個節骨眼上，醫官的這個發現，無異是在最黑暗的世界角落，給大家一線曙光。

我立刻湊近老先生的嘴巴邊，細細傾聽他有如囈語的每一個字……

「反攻大陸……解救同胞……反攻大陸……救中國……反攻大陸……救……中國……反攻……」

我如實複誦老先生口中的喃喃唸叨，大家眼眶裡都有淚水在打轉。多年以後，我離開官邸，每每想起老先生在與病魔作殊死搏戰的緊要關頭，還念念不忘光復大陸的情景，總令我感觸良深。這也可以印證，即使在他性命交關之下，老先生意識到他反攻大陸的目標尚未達成，始終秉持著一股強烈的求生意志，與病魔做最頑強的鬥爭，俾能完成他重回大陸的心願。直到今天，老先生病榻昏迷的那幕情景，還深深烙印在我的腦海，歷歷難忘。

第七節　入院（希望）

皇天不負苦心人，盧光舜終於在美國找到享譽中外的余南庚博士。救命如救火，二人未作任何勾留，十萬火急趕回台灣，這已是七月二十七日，距離老先生昏迷，已經是三、四天了。

世界頂尖的醫生既然已經請了回來，接下來就是要趕快為老先生做最妥善的處置，讓他盡快恢復知覺甦醒過來。余教授來台，無疑給了總統醫療小組最有力的後盾與支持。

余南庚真不愧是權威名醫，他一到中興賓館後，就檢視了一遍醫療小組為老先生做的一些處置，他十分篤定地說：「你們的處理非常好。」接下來一切的醫療計畫就由他來統籌策畫。

余南庚是個非常有責任心的醫師，來台灣的日子，我們從來沒見過他有什麼假日，他被安排住在圓山飯店，每天一大早就從圓山趕到老先生的病榻旁，不僅診斷細心，而且更是全心投入，可說到了廢寢忘食的地步。

他回來以後，老先生雖然沒有馬上就甦醒過來，但是，卻有了相當程度的起色，使得宋美齡和眾醫官對他信心倍增。

經過幾天的全心照料，余教授認為老先生在陽明山中興賓館治病，顯非萬全之策，第一，這裡距離榮民總醫院至少有半個小時的車程，如果有什麼急要的情況，比如要到榮總拿藥，就十分不便，當時，在老先生昏迷之初，官邸特地派了二部車，並且由二位侍衛人員專門負責於中興賓館和榮總之間，兩地來回跑，有時候還是不很方便，況且有些大型器材，實在搬運不便。

一九七二年八月五日的深夜，我們奉命做好一切工作，準備把老先生送到榮民總醫院的總統專用六號病房。

之所以選擇深夜時間，有兩個最重要的考慮，一個是因為深夜時分，陽明山仰德大道的來往車輛較少，比較容易做局部交通管制；其次，也是為保密的考量，畢竟，老先生是一國之尊，如果他得重病而且正準備做心臟大手術的消息一旦外洩，傳到外國人或是有心人耳裡，難免要製造一些口實，讓人做「動搖士氣軍心」的不利宣傳。

移床入院行動，在嚴密的部署下，默默進行。

五日的晚上大概六點過後，軍警已將陽明山到石牌榮民總醫院沿路，全面封鎖，不准任何車輛出入。

為了讓老先生在移動的過程中，平順安穩，總統的醫療小組特地調來一部簇新的大型救護車，這部救護車是當時三軍總醫院從國外進口的一部新型車輛，不但設備新穎，而且行駛的時候格外平穩，不會有過於晃動的缺點，這部車三軍總醫院根本還沒啟用，就被官邸徵調來作為老先生的專用救護車。

夜色中，我們小心翼翼用擔架把老先生抬上救護車，戒護的侍衛人員和往常一樣，組成車隊，保護老先生一路上的安全。

八時許，載送老先生的救護車和隨護車隊，從陽明山中興賓館緩緩駛出，我們奉到上級的任務指示，基於老先生是嚴重心臟病的病患，所以，在運送的過程中，絕對不能有一絲的大意或是一點點的顛簸，否則極可能會進一步惡化他的病情。

為了慎重起見，余南庚親自率領醫護人員，隨車一路護送，以防有任何突發狀況發生。

此外，一路上，從前導的開道車，到載送老先生的救護車和隨扈車隊，全部都保持在車速約十公里以下的超低速前進，那樣的速度，真可說是像蝸牛爬行似的。在那條漫漫的仰德大道上，老先生的病榻在深沉的夜色中，緩步向前，短短的十幾公里路，以總統車隊平日的行進速度，根本只須十幾二十分鐘，可是這一趟的隨扈（護）竟然花了一個多小時的時間，到晚上九點多鐘，才抵達榮民總醫院的第六病房。當時，榮總四周軍警戒嚴管制，在一般門診部門看病的病人全部設法清空，去住院部探病的家屬也被撤出。而六病房附近更是十步一崗五步一哨，戒備森嚴，其目的就是不希望老先生住院的消息外洩，以免成為別人攻訐的口實。

六病房是當年特地為了老先生而設置的一個特別病房，完全和榮總的其他部門隔離，內部的醫療器材可以無限量地添置，如果有任何需要，尚可以從其他醫院借調醫護人才和新裝備器材，供老先生治病之用。事實上，總統身邊人的心目中，只要能夠把老先生的病治好，即使花個幾千萬甚至幾億公帑，那又算得了什麼。所以，在六病房，可以說是要什麼器材藥品就有什麼器材藥品，經費非常寬裕。

不但總統病房的設備一流，就是在病房陪伴的親人房間，也做了充分準備，老先生住進六病房後，為了方便放置比較多的醫療器材，我們把病床從病房移到客廳，老夫人和孔令偉各自住一間房，蔣經國則住在病房內的另一間小房間，我們當然是因陋就簡，就在醫療室擺了六張行軍床，連護理檯上也有我們的鋪位，整個六病房的外圍，和老先生去榮總做體檢時一樣，也有嚴密的警衛人員廿四小時警戒，光是所有的警衛人員和車隊人員，就占住了半間的榮總餐廳。

雖然人在榮總，可是老先生後來吃的專門調製的流質食品，和老夫人等人吃的餐飲全是由士林官邸燒好送去的，而我們則是由榮總代辦餐飲，吃在榮總，睡也在榮總。

在余南庚的領導下，成立了總統醫療小組，連同原來的五位醫官，加上六位新任醫官，總統醫療小組全員有十一位醫師，當然是以心臟科的專家為主體。

從七月二十二日到八月六日，我們副官整整忙了兩個星期，幾乎是二十四小時隨侍在側，大家早就忙得精疲力竭，以我來說，我的牙床在八月初就感覺浮腫疼痛，所以，一到榮總的隔天，我就到榮總牙科掛號，和醫生約好時間，便立刻去看病，醫生看了看我的牙齒，毫不遲疑地說：「你怎麼了，牙床腫到這樣才來？」我只好苦笑，說大概自己的火氣太大了吧！結果，醫生的診斷是需要立刻拔除以免後患，牙拔了人也比較舒服，可是，照顧老先生的任務卻才剛剛開始。

| 第九章 |

油盡燈枯

民國六十一年可以說是老先生身體的一個轉捩點，如果不是總統醫療小組的全力搶救、官邸上下同心協力的盡心照料，老先生的年壽不可能會延長到三年後，但是，無可諱言，老先生本身的強韌生命力和堅忍不拔的求生意志，可能是他能夠從昏迷險境甦活轉來的重要契機。

第一節　御醫

曾經不止一次有外國醫學專家告訴總統醫療小組的成員：世界上大概再也找不到第二個國家，可以像你們這樣，動員全部的人力物力，拯救國家元首的生命，即使美國總統也不可能有這種近乎帝王級的醫療照顧。

或許，美國人這些話裡還隱藏著一些別的含意在裡面，可是，如果從正面去設想這句話，應該是毫不誇張的。

到台灣來以後，老先生最信任的兩位醫官，當然首推熊丸和陳耀翰，他們二位是在民國六十一年總統的醫療小組成立前，老先生最常諮詢的官邸御醫。

在民國六十一年時，熊丸還兼任中興醫院的院長，所謂中興醫院院長，其實只是一種便宜行事的作法，熊丸有很大一部分心力，是放在為老先生治病的上面，他實際上是老先生的隨從醫官。至於陳耀翰，他曾任軍醫院胸腔內科主任，後來一直在官邸專任隨從醫官，老先生病發以後，熊丸和陳耀翰二人輪班照顧老先生，二人對老先生可說忠心耿耿，做出全部的貢獻。

後來，在余南庚主持下，成立了所謂「總統醫療小組」，余南庚由於是客卿的身分，而且他在美國還有教學工作，只可能利用休假的時候，暫時回台灣替老先生治病，不可能久留台灣，所以，這個醫療小組的召集人，是由國防醫學院借調來的王師揆負責擔任，王醫師同時也是榮民總醫院神經外科主任。

總統醫療小組的醫師是沒有編制限制的，所以，在最鼎盛的時期，總統醫療小組的醫生就有十三名左右，幾乎比較重要的科別都齊全了，所以有人譏諷，官邸根本成了一間大醫院，這雖是一句嘲諷的話，可是，和實情也相去不遠了。光是這個小組的名醫名單，大概就可以羨煞平民百姓。

在小組之下，主要醫官包括：

召集人：王師揆，專長是神經外科，所謂召集人，負責實際的醫務工作，並隨時要負責向老先生或是老夫人報告病情發展，提供宋美齡決定之參考。

骨科：鄧述微，兼任三軍總醫院院長，後來曾任振興復健醫院院長，後因院務理念和孔令偉不合而離開振興。

胸腔外科：盧光舜。

胸腔內科：陳耀翰。

心臟內科：熊丸、姜必甯、李有柄、董玉京。

心臟外科：俞瑞璋。

腎臟科：譚杜光。

麻醉科：王學仕。

新陳代謝科：趙彬宇。

牙科：曾平治。

泌尿外科：鄭不非。

眼科：林和鳴。

官邸對醫師是相當禮遇的，尤其是對專門回國醫治老先生的余南庚，更是禮遇有加，不但讓他住新蓋好的圓山大飯店豪華套房，而且還提供一部凱迪拉克專用轎車，當然，來回機票和一些相對的高報酬自亦不在話下。然而，余南庚對老先生的病情，實在可以說得上是鞠躬盡瘁，不舍晝夜，幾乎是全天候在看護老先生。

但是，余南庚以外的醫療小組成員，每個人的待遇和境況，便不盡相同了，加上官邸在老先生病篤之後，大小雜務可以說大部分掌握在孔二小姐和夫人手中，她們有各自的立場和看法，和醫官們專業的立場又有所差異，因而，難免在某些問題上，容易發生爭議的情況。

大體而言，醫療小組的醫官們，在醫學界都已有一定的地位和聲望，可是，當他們處在官邸這樣的一個特殊的生態環境中，難免有許多扞格不入，古代御醫難當，現代御醫又會好到那裡去呢？

可貴的是，不論是官邸工作人員或是醫官，在老先生病重的那段時間，大家都發揮了高度的吃苦耐勞精神，這就是老一輩的使命感，即使大家的肉體再怎麼疲憊，大家多半是抱著咬牙強忍的心態，希望老先生的身體能夠盡快痊癒。

在醫療設備方面，當時只要是各個軍公醫院，有任何新的進口醫療器材，一定必須先送到榮總六病房使用，如果需要添置什麼新的器材、藥品，更是由各軍公醫院無限量提供。

甚至為了老先生長年使用六病房，而六病房在使用一段時間後，有關方面又嫌它太小不夠新穎，另外又要榮總編列預算，興建一處新的總統病房，可惜這個新的大型總統病房，還沒落成，老先生就已經病逝。

第二節　掙扎

許多罹患冠狀動脈病變的人，如果遇到昏迷的情況，最初的二個星期，通常是最具關鍵性的時刻。假如熬不過二個禮拜，就只有準備後事。然而，像老先生這樣昏迷時間長達半年的，恐怕在一般病史上，是十分罕見的個案，堪稱奇蹟。

在這段昏迷的日子，老先生身上至少插了三根管子，包括供給氧氣的氧氣管、供給流質食物的胃管和手上的點滴管，就是這些藥物和營養品，在維繫他脆弱的生命。可是，進入榮總之後，也就是余南庚博士來台後的這段時間，老先生的各項檢驗報告顯示，已經有日漸好轉的跡象，一切情況慢慢穩定下來。

為了讓老先生的病情穩下來，我們付出了相當可觀的代價，而老先生強烈的求生意志，則更是他得以轉危為安的主要原因。

但是，老先生因長期臥床，已經使得他的肌肉出現了明顯的萎縮狀態，我們守候在一旁的人，早就發覺他的右手首先有了蜷曲的現象，這大概是因為長期吊打點滴的關係，此外，由於血管硬化，腿部肌肉也有萎縮的情形，所幸，老先生的腸胃一向很好，所以，經過胃管灌食營養流質食物，吸收的狀況十分良好。

孔令偉孔二小姐為蔣介石的起居照顧問題，動了不少腦筋，她在這方面真是還小有天才。

譬如，老先生在昏迷時期，我們為了怕老先生久臥病床身上長褥瘡，大概每隔二個小時要為他翻一次身，並且做全身按摩，以活絡血脈，可是，每次我們為他翻身時，他的小便就因膀胱失禁而不自覺流出來，所以我們為他按摩之外，還經常要給他換床單和衣褲，一天總要換個好幾次。

除小便失禁外，解大便更是一大問題，所以，大概每隔一、二天，就要由醫官為老先生「掏糞」。所謂「掏糞」，其實就是由醫務人員戴手套，然後用手指直接伸到老先生的直腸內，將已經結成顆粒狀的糞便，一粒一粒地挖出來，只有這樣，才能讓他的身體維持正常的排泄循環。但是，每次的「掏糞」工作，總要忙得醫官滿頭大汗，當時，主要在做「掏糞」工作的，是鄧述微院長。他在做這件工作時，通常我是他的重要助手，我們做這個工作一直做到他甦醒還是要繼續做，原因無他，就是醫官考慮到老先生的心臟負荷的問題，因為，根據醫學臨床證實，有許多心臟病患者，是在解手特別是解大便時，心臟病突然發作而死亡。所以，即使他已經醒來，醫官還是不敢讓他自己解大便，還是由鄧院長和我們副官人員，親手為他繼續「掏糞」。

孔二小姐見到醫官每每為了解決老先生的排便問題，忙得團團轉，她就動腦筋，何不叫木匠，把病床的床墊略作改裝，是不是可以把問題變得輕鬆一些？

她動了一陣子腦筋，終於想出一個妙法，她叫官邸內務科的木匠，把老先生病床的床板做成活動的，可以在我們要為老先生更換床單或是衣褲的時間，把床板抽出呈一個「L」形，這樣換起床單來，既方便又省力，而且，孔二小姐去訂做了一個海綿制的床墊，在床墊中間，也就是老先生躺臥時靠臀部的地方，挖了一個碗口大的洞，每當醫師和副官要為老先生「掏糞」時，就可以直接透過這個床墊的小洞，進行這項向來被一般醫師視為畏途的工作。

此外，在為老先生翻身時常見的小便失禁情況，孔二小姐也想出一招妙招，便是使用長條型的塑膠袋，套在褲子裡，這樣就大致解決了小便失禁問題。

老先生在陷入昏迷之初，體溫曾經一度高達四十度以上，而且，他的肺臟有三分之二的部分已有積水現象，只有三分之一的肺部尚在正常運作。所以，他從一開始昏迷到最後，始終是套著氧氣管，一刻不能中斷氧氣。

醫生並且大量給他施打盤尼西林針劑，目的是希望把肺臟積水的部位，控制在原有的那三分之二的區域，不要再進一步擴大。

有位醫官告訴我，這樣做的目的，就好像是官兵圍堵強盜，假如官兵的人數比強盜少時，惟獨把強盜全部擠壓在一定的範圍內，不要讓強盜四散，侵蝕到其他正常的部位，這樣是一種最保險的治療方式。

換言之，當時，總統醫療小組的見解和處置，是希望用一種比較消極但是卻很穩健的診療方式，把老先生從極端不穩定的階段，慢慢恢復到一個比較穩定的狀態下，這樣才有可能使得老先生甦醒過來。他們不贊成給類似老先生這樣的心臟病患太強烈的猛藥，或是過於劇烈的治療手段，以免弄巧成拙。

我相信，醫療小組會採取這種方式，倒不是消極保守，而是基於病患實際情況而下的一種處置。

最早，醫療小組這個策略，確實有著一定程度的成效，而且是老先生半年後得以甦醒的主因。可是，等到老先生真正醒過來，老夫人那邊卻有了另一種看法，她急切地希望見到老先生能夠很快恢復往日的活動力，並且馬上就和正常人一樣，能夠回總統府上班。

然而，在總統醫療小組的眼中，這樣急切的心理，反而會攪亂整個的治療計畫，不但對老先生的健康無益，甚者反而會為老先生帶來難以逆料的後果。

這樣二種扞格不入、全然不同的醫療見解，為日後老先生的治療工作，投下一大變數。老夫人和醫療小組之間，也形成了一道無法逾越的鴻溝。

第三節　甦醒

一九七三年元月間，老先生終於從長期沉睡的昏迷中，攸攸甦醒過來。

他的甦醒，給老夫人以下的官邸人士極大的興奮感，尤其教人不敢置信的，老先生甦醒以後，除了身體體力明顯大不如前以外，他的腦力特別是記憶力，竟然毫不受到昏迷的影響。對於老先生的身體漸漸健朗，大家都非常欣慰，可是，畢竟他依舊是有病在身，尤其是因為手腳的萎縮和變形，在行動上諸多不便，所以在日常生活上，更加依賴我們官邸和醫療小組的工作人員。

就拿一九七三、七四年間的夏天來說，因為老先生平常就是個怕熱的人，可是卻又忌諱吹電扇、吹冷氣，這樣的狀況下，就苦了我們這些副官。

以往他身體還很健康的時候，我們早已習慣幫他在夏天用蒲扇給他打扇子搧風，可是，他從昏迷中醒來後，似乎較以往更為怕熱，要我們不分日夜為他打扇子搧風，否則他就睡不著覺。

那一段時期，大家因為要輪番照顧他的病體，體力和精神上都感覺有些吃不消，我們吃在榮總、睡在榮總，根本沒有什麼自己的假日時間，長久下來，焉有不疲憊困頓的道理？原本我們是八個小時一班，然而這個時候的八個小時，和老先生健康時的八小時的班，是完全不同的。服侍病中的老先生，不但要幫醫官護士做醫護助手，還要兼做一般醫院所謂「特別看護」的事情，舉凡只要是醫護人員不做的任何雜務，不論那個工作是否污穢骯髒，我們都沒有任何選擇不做的機會。

因為我們處理的工作，多半是和老先生切身起居有關的事情。在以前，如果我們誰有什麼病痛的情況，官邸的醫官還不會太注意我們會不會影響老先生及其家人。可是，自從他病了之後，我們這些副官，只要有人患了感冒，即使是很輕微的感冒，也要向醫官報告，醫官立刻會為我們診治。最初，醫官比較緊張，凡是有一個隨從服務人員感冒了，他們總是立刻叫這人離開病房，以免傳染給體弱的老先生，有次我們已經連續有好幾個副官感冒，幾個人都不能服勤，最後連我也感冒了，還發著高燒，還是要繼續值班，沒辦法的情況下，就叫唯一沒感冒的李振民副官睡到老先生旁邊值夜，白天時，我工作只好戴上口罩，以免散布病菌。

我為什麼會連感冒都還要照顧老先生，一方面是因為當時不少副官都因太勞累而生病，另方面，老先生那時上下床都要有人抱他，而偏偏李振民的個子矮小，老先生怕李振民抱不動他，每次李振民主動要去抱他下床，老先生馬上制止，並說：「我不要你抱，叫其他人過來！」醫官知道我感冒了，可是老先生指定要我去服侍他，醫官只好叫我戴上口罩，不要把細菌傳染給老先生。

當時這段抱病照顧老先生的經歷，我到現在都還記憶猶新。

老先生向來十分好動，自從生病以後，活動的機會少了，在心理上，他還是一直想活動一下，可是又偏偏心有餘而力不足，所以就只好由其他的方面去滿足。好比是按摩，他甦醒後，也許是神經比較遲鈍，有時候明明我們已經用了相當的力道，為他按摩已經萎縮的右手或是左手，縱使我們再怎麼用力，他也似乎沒有什麼感覺，有時候他誤以為我們按摩不夠用力，還大聲斥責：「叫你們力氣大一點，你們到底是怎麼了？」

即使我們拚老命使出更大的力氣給他按摩，可是他依然不滿意。

本來是好動的人，一下子給疾病綁在床上，畢竟是一種非常痛苦的事情，而且長時間躺在床上，身心二方面都受到很大的衝擊，有時候他情緒不穩，一個晚上起來好幾次，幾乎已是家常便飯。

在病房裡，他身上至少插了三根以上的管子，而且手腳肌肉都有萎縮的情況。每次起身，都要由我們連身體和管子抱上輪椅。而且照官邸的老規矩，他起床後，侍衛官就要通知所有的侍衛人員，叫大家起來待命。即使在榮總住院，也是按此老規矩行事，所以，他起來幾次，所有的工作人員和輪班的醫護人員就要被折騰幾次。

有幾次，他想起床走走，可是醫官覺得他身體還很衰弱，怕他起來不便，更怕他起床後，連接在他胸前的心電圖電線，就要暫時拔除，這就等於暫時無法監控他的心跳紀錄，如果有個三長兩短，比如說像心臟停止跳動的情況，到時發生問題，誰負得起責任？所以醫官多半不主張他起床太過頻繁，可是他並不知道自己起床會有什麼嚴重的後遺症發生，他這樣一個長期臥病的老人，總覺得是不是醫護人員故意給他行動上的設限，有幾次他對醫護人員一再勸阻他下床大為光火，他衝著醫官大罵：「我說要起來就是要起來，到底你們是總統還是我是總統？」

他發這麼大的脾氣，還會有誰敢去阻擋，只有悉聽尊便了。

所以，有一次老先生曾創下一天內起床二十三次的紀錄，他執意想起來的原因，大概是想試試自己到底還能不能腳踏實地的站起來，可是，他每次起床大概只有幾分鐘，就氣喘不止，然後又吵著要回床上，等到回床上躺下沒一會兒，他卻又嚷著要下床，就這樣周而復始地上上下下，把所有工作人員搞得雞犬不寧、人仰馬翻。

老先生復甦以後，情況並沒有什麼大的改善，可是，經過一陣子以後，醫官已經允許他可以在六病房四周坐在輪椅上活動，有時候他的體力比較好時，還讓他到下面去走幾圈。

有幾次，老先生心血來潮，在老夫人提議下，又找電影股的人去找電影片子，要在六病房放電影。官邸人員立刻照辦，為他弄來最新檔期的電影，可是，他看了幾分鐘以後，就說不想看了，其實，給他看電影，也只是希望紓解一下他的心情，讓他不要太過煩悶，電影大概只看了幾次，後來就沒再放過。

老先生甦醒後不久，老夫人對總統醫療小組的醫護人員以及官邸上下的工作人員，多時以來的辛勤努力十分感謝，在六病房時每逢年節都會設慶功宴，向醫療小組成員致謝。有時，老先生都還特地從床上起來，和在場人員致意，這一點，老先生夫婦是做得相當周到，也可以說很有人情味。

第四節　掩耳盜鈴

老先生臥病期間，外界當然免不了會有一些關於他病情傳說的風風雨雨，為了闢謠，老夫人和官邸人士真是想盡了各種辦法，從利用家族重要活動，向外界「證明」老先生尚健在，就可以看出老夫人宋美齡女士的精心安排。

我的印象中，老先生在病中，一共對外露了四次臉，而這四次的公開露面，都是由老夫人一手決策設計。

病中的老先生第一次在新聞媒體曝光，是在一九七三年間，他最小的孫子蔣孝勇結婚的時候。

孝勇的婚禮在士林官邸的禮拜堂凱歌堂舉行，那時，老先生還在榮總調養，雖然他已經甦醒過來，只是不適合長途走動，所以這次的婚禮並沒有驚動他，孝勇夫婦是在行禮之後，按照奉化家鄉的習俗，給老先生奉茶。

當天上午，我們和平常一樣，為老先生穿上長袍馬褂，坐在六病房的客廳椅子上，由老夫人代表接受孝勇夫婦的奉茶儀式。

那次的奉茶儀式，老夫人特別決定選這個主題，對外發布新聞，說明老先生為最小的孫子主持了婚禮的奉茶儀式，並且對外證明老先生的病情正在康復中。

這次的曝光，顯得非常自然，實際上也沒有造作的地方，當然，官邸在對外說詞上，必須斟酌外界的可能反應和聯想。所以用字遣詞上，都是字斟句酌、小心謹慎。

然而不可否認的，老先生畢竟是有病在身的老人，從他的神色可以看出他的確經歷過一番和疾病搏鬥的艱辛歷程，這個艱辛歷程，使得他的雙眼眼眶嚴重下陷，而且臉龐消瘦，有經驗的人很容易猜出他的病情。

第二次曝光是一九七三年十一月間，國民黨全會結束後，參加全會的十位主席團主席，到榮總會客室晉見總裁。

晉見全會主席團主席，是由國民黨中央委員會秘書長張寶樹帶領十位主席團主席，到榮總見老先生。然而，當時老先生的右手肌肉萎縮的情形，已經十分嚴重，右手即使坐著的時候也會因無法控制而不自覺地垂下來，到底該怎麼掩飾右手下垂？大家都沒有想到一個比較妥善的方法。後來，我突然靈機一動，想到何不用透明膠布將老先生萎縮的右手手腕索性「綁」在椅子的把手上，然後再穿上長袍馬褂，這樣外表就看不出來他的右手有什麼問題了。我把這個想法向上面反映，上面立刻同意，於是，我們先為老先生穿好長袍馬褂，然後再把老先生用輪椅推到榮總會客室，等老先生在會客室的沙發上坐定，我們便立刻用透明膠布在老先生右手手腕上方黏上一圈，黏牢在沙發的右邊把手上。所有事情處理停當，才通知主席團要晉見的人員一一進場。

雖然那時老先生的身體有些清瘦，但精神看起來還是滿不錯的，醫官怕老先生離開心電圖監視的時間太久，會引起危險，在有關方面安排行程時，特別要求盡量把接見的時間壓縮，當然，醫療小組的醫護人員更是全員戒備，在會場一旁隨時待命，只要老先生稍有情況，就馬上採取必要的急救手段。

第三次曝光，是在蔣孝武夫婦帶著年方周歲的蔣友松，去士林官邸探望老先生夫婦。那次的家族活動，在老夫人應允下，決定發布一張蔣家的全家家族照，再一次「證實」老先生還好好地活在人間，一掃當時有關老先生已不在人世的不實傳言。

那張照片畫面上顯示，老先生手上抱著他最小的曾孫友松，一家和樂融融的樣子。實際上，友松只有在拍照的時候，才象徵性的放在老先生手腕上，真正在他手上的時間大概只有幾分鐘不到的時間。

第四次的曝光，是時勢所迫的曝光，但也是別無選擇的一次純政治性曝光。

時間是一九七五年初，那時美國駐華大使馬康衛，即將離職回美國。他早在一、二年前，就已經幾次向我國外交部提出晉見蔣總統的請求，但是，以前幾次不是老先生正在昏迷狀態，就是病情尚未明朗，不便接見。而美國方面已經根據種種跡象，猜測國府的政治強人蔣介石臥病在床，因為老先生已經有好長一段時期沒有到總統府上班。而且在許多老先生一向不輕易缺席的場合，卻看不見老先生的蹤影，可見老先生有病是個事實，不是空穴來風。面對馬康衛離職返美前的最後一次晉見請求，老夫人左思右想，權衡利弊得失，最後斟酌結果，決定接見，以免不必要的誤解和臆測。何況，斯時日本和我國剛剛斷交，大陸已經進入聯合國，如果我們再對美國有失禮動作，很可能對兩國邦誼有負面影響。

然而，為了讓馬康衛晉見蔣總統的過程顯得天衣無縫，士林官邸確實費了一番巧思。

在馬康衛來晉見老先生前夕，士林官邸內務科和外交部的人已經做好相關的準備。然而，老夫人對接見胸有成竹，不需要任何一位外交人員作陪，她自認為只要她陪伴老先生接見馬康衛大使，就已足堪應付大局。

可是，她唯一比較不放心的還是老先生的身體，是不是能夠撐持一段時間？因為接見馬康衛，不可能像見國民黨主席團主席，見個十幾分鐘，敷衍一下，畢竟主席團主席都是老先生的部屬，即使不見也沒有什麼大不了。可是，若是對美國大使也是這麼敷衍十幾分鐘，恐怕還比不見來得更為失禮。

因此，醫療小組醫官之間又有不同的意見，他們還是強調老先生是不宜離開心電圖監視太久，否則沒人可以保證他不會有任何令人措手不及的意外發生。這段期間，老先生已經有幾次心跳突然停止的情況，尤其令人憂心的，便是他的每次心跳停止間隔時間已有日漸縮短的趨勢，假如情況進一步惡化的話，誰能把握老先生不會因為一時興奮或衝動，心臟受到致命刺激？

然而，儘管醫療小組的醫生們如此悲觀，老先生和老夫人還是不改變接見馬康衛的決心。為了和美國的邦誼，必須冒一次險。

那天下午，馬康衛準時依約前來，老先生早在馬康衛來之前，就已經端坐在士林官邸的客廳等候，醫療小組則在後側隱密處嚴陣以待，我們副官則在料理完雜務之後，退據在客廳後方隨時待命。

我清楚地看見老先生和夫人的表情和談話過程，只是我並不懂英語，所以聽不清他們的交談內容。可是他們的交談狀況，我卻清楚在目。

老先生的表情那天有一點僵化，臉上表情不太自然，偶爾會講幾句中國話，但任何和他有過交談經驗的人或者從未交談過的人，都可以發覺，老先生的舌頭出了一些問題，似乎有些硬化的感覺，而且談話時還會喘著大氣。

幸好老夫人一旁協助，讓馬康衛「了解」老先生的意思，並且適時地掩飾老先生的口齒不清和詞不達意。

幾次重要接見安排下來，讓醫療小組召集人王師揆膽子都快嚇破了，每次夫人告訴他老先生那天要見某某人士，他總是極力反對，後來他和我們閒談談起：「你們不知道我每次要擔多少心，但又不得不接受上級的指示，沒有辦法制止，心情真是非常複雜。」

除了這四次主要的對外曝光，老先生的病情新聞便從來不曾在任何正式媒體上面出現，這是當時國民黨控制言論的一個非常典型的例證。不少人總認為老先生的病情要是輕易外洩，好像會對國家命脈造成什麼致命影響似的，其實，蔣經國早已掌控了整個國政大局，就算老先生去世，充其量只會在心理上，形成對國民黨權力中心的少許衝擊。

第五節　揠苗助長

趕快回到總統府上班，可以說是老夫人對老先生甦醒後，最急切的一種渴望，然而，老先生又何嘗不是做如此想。

老先生在甦醒來不久，曾經一度想叫我們為他準備紙筆硯墨，要想練練毛筆字。可是他自己試了幾次，知道自己的右手根本萎縮得相當嚴重，已經沒力氣握筆，他還是很努力地練習握筆寫字，終究力不從心。試想一個當年是一國之尊的總統，曾經批過多少重要文件、下達過多少命令，可是，當年那隻指揮千軍萬馬的右手，如今卻不聽使喚了，他的內心怎能不暗自神傷？

為要老先生趕快痊癒，立即銷假上班，老夫人和親信們可謂絞盡腦汁。他們在照顧老先生的工作上，也費了很大的功夫，像孔二小姐便是最好的例證，孔令偉被賦予的任務之一，是夜裡的查勤。

老先生從昏迷狀態甦醒之後，若遇天氣比較熱的時候，就叫我們副官為他打扇子搧風，但是老先生也體諒我們站著搧風很辛苦，有時候他會叫我們坐著搧，這一坐，反而我們的瞌睡蟲都來了。尤其是入夜以後，六病房只開了盞小燈泡，昏黃的光線下，隱約見到他躺在病床上，一旁的心電圖發出規律的鳴叫，加上已經忙了整個白天，我們差不多都會在值班時忍不住打起瞌睡來。

正班的副官通常是和二位值班照顧老先生的護士，二人一起在老先生病榻旁守候，防止有任何突發情況。護士一般來說，她們是專業人員，晚上若有輪值守夜，白天大致上不會有太重的任務給她們，和我們情況不同，所以她們也極少有打瞌睡的事情發生。

可是，孔二小姐她可不管這些，反正值班的人不能盡職，就是不對。她晚上經常是一身暗色的西裝，到夜深人靜的時候，她就身輕如燕地從外面走進六病房，先在進來的地方探個頭看看，到底有沒有人在打瞌睡。要是有人敢打瞌睡給她瞧見，她會毫不留情面地給那個睡覺的人一頓狠罵。

不過她的理由也很有道理：「要是你們睡著了，先生心電圖有什麼不正常的反應，誰能夠及時回報？這是性命交關的事情，豈可如此隨便？」

當年我們多半是四十歲以上的中年人了，體力大不如年輕時代那樣豐沛，何況我們有時是二十四小時不眠不休地工作，一天沒有多少睡眠時間，所以，值班打瞌睡可以說是人的生理自然反應，其實，我們又何嘗不知道本身任務的重要性。

孔二小姐從來沒有為了值班打瞌睡的事責備過我，我還記得有一回，我輪值夜班，守在老先生床榻，不知不覺中，經不住白天的疲累，我竟然意識昏沉地打起瞌睡來，隔了一會兒，護士小姐把我喚醒，她說：「翁元！剛剛總經理（指孔令偉孔二小姐）來過，她知道你在打瞌睡，沒有把你叫起來，你運氣很好！」

我振作起精神，咬緊牙關，再也不敢打瞌睡。

老先生自己也對病情十分著急，他時常很焦急地想起床試著走動一下，長期躺在床上，他內心有說不出的苦悶和焦躁。他也巴不得馬上回總統府上班復職，但是，他的體力和醫官的要求，不允許他做這樣的事情。有一次，他聽蔣經國報告，說高速公路已經通車到桃園的楊梅，他很興奮地說想去高速公路上兜風轉一轉，我們只好為他備車，在車隊當中，少不了要一輛救護車隨護其中，以防特殊情況。

誰知車隊不過到了泰山附近，他覺得非常疲倦，身體受不了，又要求車隊立刻折返台北。就這樣，我們的車隊就在高速公路上來個大轉彎，直接回到台北。

他自己非常清楚心有餘力不足的窘境，已讓他處於一種極度低潮的狀態下。

老夫人非常了解老先生的心境，她其實更希望老先生趕快——最好是明天就能和從前一樣，回到總統府辦公，重新掌握實際權力。因而，老夫人也無所不用其極地動各種腦筋，要讓老先生很快就能恢復活動力。

一九七四年間，老先生的心臟仍然沒有顯著改善的跡象，但是，老夫人卻聽從孔二小姐的建議，從振興復健醫院請了一位外國復健醫生，每天專門為老先生做各種復健運動，並且按摩全身肌肉，但是收效十分有限。

宋美齡焦急煩躁的另一個徵兆，是她在一九七四年十一月二十三日，不顧醫療小組再三阻攔，堅持要即刻搬回士林官邸。此事亦可看出她對老先生病程漫長，醫院病房生活單調孤寂，萌生的諸多不耐。

她對著醫療小組的醫官吼叫：「我不管！他（指老先生）如果不搬，我還是要回士林官邸過CHRISTMAS（聖誕節）！我搬回去！」

在老夫人的堅持下，老先生也沒有反對的意思，醫療小組只好從命，連同老先生一起搬回士林官邸。為了老先生回士林官邸休養，差點沒把整座六病房的所有醫療設備都拆回士林官邸，所以，我們當時就戲稱士林官邸幾乎成了一座小型榮民總醫院，各種醫療器材應有盡有，連可以搬動的X光攝影機雖然體積過於龐大，還是整部一起搬到士林。

在宋美齡的執意堅持下，老先生夫婦回到士林官邸過聖誕節。可是，這也是兩人一起過的最後一個聖誕節，這一點大概是老夫人始料未及的。

第六節　庸醫誤診？

一九七五年三月間，老夫人聽從心腹友人建議，請了一位美國胸腔專家醫師來為老先生診治，這位美國醫生看了老先生的病歷和檢驗報告後，當場提出了他的看法，他認為老先生病情所以沒有顯著的起色，和他的肺臟有三分之二浸泡在「水」裡有關，所以他建議老先生，最好能夠立即進行所謂的「肺臟穿刺手術」，只有把肺臟裡邊的積水抽除，才可以讓心臟病好起來，這是這位美國醫生的理論，可是總統醫療小組的醫官，卻堅決反對這樣激烈的診治方式。

醫療小組的理由十分簡單，他們認為，老先生已經年高八十九歲，這樣的高齡，照臨床經驗，是根本不適合做這種穿刺手術的，因為有太多的變數很難掌握，而且一旦發生手術併發症，任誰也無從負責。

當時，老先生的心臟已經有幾次停止跳動的情況，雖然是久久一次，但已經足以讓醫療小組的醫生們膽戰心驚，如果在手術進行中，或是手術完成後，發生不可逆料的結果，到底責任如何歸屬？不得不先釐清。

醫療小組召集人王師揆主任，向老夫人力陳進行背部穿刺肺臟手術的高度危險性，並再三勸誡千萬不可進行這項手術，老夫人聽取了雙方的各種意見，還是堅持主張立即進行穿刺手術，她很堅定地說：「專家提出的意見很好，我們為什麼不能試試看再說，就這樣決定了，我負全權責任！」

老夫人堅持己見，王師揆儘管有自己的專業知識支持他的看法，可是，老夫人是總統的配偶，她不但在法律上有充分的權力做這樣的決定，而且她還貴為第一夫人，官邸的大小事情她大權在握，有誰能違背她的意思？所以，只好任由老夫人同意美國醫生的建議，馬上準備做背部穿刺肺臟的手術。

王師揆事後告訴我們，他始終認為老先生不應該接受背穿刺手術，他所持的理由很簡單：「總統的肺臟雖說有三分之二泡在積水裡，但是，這就好比是一個土匪窩，我們的目的是把土匪包圍在土匪窩裡，不讓他有機會往外邊擴散。可是如果施行了背穿刺手術，就等於把土匪窩的窠巢打破了，土匪全部傾巢而出，那還得了。連同其他健康的肺部也受到感染，這就無法控制局面了！」

醫療小組已經用盤尼西林這類的消炎藥品，包圍老先生肺臟中的這個「土匪窩」有二、三年時間，醫療小組的控制方法十分消極，但不失為最穩妥保險的一種治療方式，既不會傷及老先生身體的健康部分，也不會危及老先生的性命，反而可以暫時把肺部的積水，控制在一定範圍內。殊不知，一九七四年底以來，發生幾次心臟停止跳動的情形，老夫人對醫療小組的傳統消極醫療方式，信心動搖，但醫官的理由也不無道理，醫療小組的醫療方法是一種別無選擇的選擇。然而，蔣夫人一心一意只希望蔣介石明天就能康復上班，醫療小組保守醫療的建議，實在很難說服她。

美國醫生為老先生施行的背穿刺手術可以說十分成功，醫生從老先生的肺臟抽出大約一碗的膿水，可是手術本身雖然圓滿成功，而手術的後遺症卻接踵而至。結束手術當天晚上，老先生的體溫立刻由原來的攝氏三十七度多，上升到攝氏四十一度，把醫療小組的成員一時之間搞得手忙腳亂，官邸立刻又回復到一九七二年老先生剛昏迷那一陣子的混亂場面，危疑驚恐，不知伊于胡底。

手術完成後的第二天，一個更令人震懾的現象發生了。原本老先生在每年春天都會復發一次的小便帶血，這年的出血現象不但提早到來，而且這次的小便帶血，來得既急又猛，簡直有些像是大出血。

這次泌尿出血的情形，病況來得太猛，醫療小組的醫官鄭不非整整為老先生輸了二百五十ＣＣ血漿，才使情況穩定下來。

高燒不退，小便大出血，另外讓醫療小組更加緊張的，就是老先生心臟停止跳動的頻率不但愈來愈高，而且其間隔也愈來愈近。這個危險的信號，讓醫療小組的所有成員，開始感受到空前未有的壓力。

在我值班的時候，就親眼看過幾次突發狀況，本來明明心電圖畫面是很正常的曲線，可是在一陣雜亂的曲線以後，畫面忽然呈一條白色的直線，我知道這就是心臟停止搏動的訊號，立刻呼喚醫官來做緊急處理。

許多次的心跳停止好像多半是在深夜，只要突發這樣的情況，一定急召所有的醫療小組成員，連夜趕回士林官邸，有的輪值醫官，從自己臥房趕來病榻前，一身睡衣打扮，可是大家已顧不了衣衫不整的醜態，一心一意只想到替老先生救命。

這樣的緊張場面，二、三個月裡面總有個一次以上，時間間隔上，還不算太接近。可是到了一九七五年初，特別是做完背穿刺手術以後，老先生的心臟更是警訊頻頻，一夕數驚。我們坐在他的床榻前，守望著連接他心臟的心電圖畫面，看著那曲線忽強忽弱、上下跳動，真是令人冷汗直冒。

一位醫官有次就很無奈地私下告訴我們說：「老先生這次大概很難熬過去了，唉！快油盡燈枯了！」

不祥的氣氛籠罩著士林官邸，有的人意志消沉，有的人則在幻想另一個奇蹟。

第七節　迴光返照

一九七五年四月四日上午，蔣經國和往常一樣，一大早就到士林官邸來看望老先生。通常，他早上會和老先生就一些政務，做短時間的交談，他們交談時，從不避諱我們在一旁陪侍。那天，我依稀聽見蔣經國告訴老先生，說他上午要去參加紀念張伯苓先生的百歲冥誕，及下午到陽明山陳大慶和荀雲森兩位將軍的墳上看看。一會兒，他就退出老先生的房間，下樓離去。

我記得那天特別悶熱，氣壓也迴異於往常，天空烏雲翻騰，似乎從空氣中都能讓人嗅出一種山雨欲來風滿樓的氣息。

那個上午，官邸的中央空調原來放的暖氣一時還未冷卻下來，所以暫時不能開冷氣，那天我們特地派人到榮總去借搖頭電扇。可是，哪知道那天榮總居然因為放假，沒有人上班，找不到管理人，因而沒有借到電扇。

老先生平日是既不吹電扇、也不吹冷氣的人，我們所以想去借電扇，還是因為那天實在悶熱得出奇，我們想借只電扇，對著牆壁吹，讓老先生稍微涼爽一些。

四日下午，輪到我四到八時當班隨侍老先生。那天我覺得他似乎比以前情緒還要煩躁，他不停地起床又躺下，躺下又想再起來，這樣反反覆覆好幾次。醫護人員在一旁見他情緒那樣不穩定，就在旁邊勸慰他，要他多休息，不要這樣一下起來，一下又躺下。他臉上露出不悅的表情，對醫官的勸說根本置之不理，醫護人員也對他無可奈何，只有任由他這樣上上下下。那時，老先生原先的小便帶血和高燒都已經緩和下來，然而他的心臟擴大和時常間歇性停止跳動的情形，則還是此起彼落，時有所聞。

晚上，蔣經國又回到士林官邸陪老夫人晚餐後，他照往例先向老先生請安，然後在他房內二人談了幾分鐘，經國先生見老先生似乎有些倦容，就告訴老先生：「阿爹！你累了就休息吧！」走出房門之前，還吩咐醫官給老先生吃幾顆鎮定劑。事實上，所謂的鎮定劑其實是假的，因為自從老先生心臟不好以後，醫官就不主張再給他吃安眠藥或是鎮定劑之類的藥，以免影響他的心臟。因而都是以一些維他命的藥丸來哄騙老先生，叫他吃了還是可以在心理上產生「催眠」效果。

醫官把藥丸給老先生服下後，已經是晚間八點鐘，到了我交班的時間，於是，我就把任務交給下一班的副官李振民，交了班，我就回副官房間，想好好睡上一覺。

正在我意識朦朧的時刻，依稀聽見樓上樓下非常急促的腳步聲，忽而跑向東忽而跑向西，而且愈來愈急促愈來愈雜亂，因為自己忙了一整天，實在已經累得不省人事，便不知不覺地昏睡過去。

大約是晚上十一點多的時候，李大偉突然把我從睡夢中搖醒，我還以為是叫我換班，我睡眼朦朧中覺得我才沒睡多久，為什麼就要叫我換班，實在有些費解：「幹什麼！輪到我上班了嗎？」李大偉神情緊張地說：「什麼上班，老先生都已經過去啦！快點起來，大家現在忙得一塌糊塗，起來幫忙！」我腦中頓時一片空白，匆匆起床，李大偉才告訴我整個事情的發生經過。

原來，在晚上八點五十五分左右，老先生已沉睡多時，可是孰料心電圖上的心搏曲線，忽然變成一條白色直線，當班的護士和李振民召喚所有的醫護人員立刻到老先生身邊進行急救。

那天值班的醫官是俞瑞璋，他身穿睡衣，狼狽不堪地衝到老先生病榻前，二話不說，就給老先生施行急救，包括實施電擊。可是連續做了幾次電擊，老先生的心臟一點反應都沒有。這時，醫療小組知道事態非常嚴重，這次要救活老先生幾乎已經是不可能的事情，於是立刻向老夫人和蔣經國報告這個最新的不幸消息。

蔣經國從士林官邸剛回到七海官邸，正要上床就寢，沒想到電話鈴聲大作，要他立刻再回士林官邸，經國先生本身也對這次的緊急情況，心知不祥，等他趕到士林官邸，老先生早已歸西，沒有交代任何的遺言。

我被李大偉叫醒之後，立即奔至老先生病榻旁幫忙。我進房門的時候，見到屋內人聲鼎沸，蔣經國先生在房間角落的壁爐邊低聲啜泣，老夫人在病榻邊面色冷峻而憂戚，顯得非常難過，現場一片憂傷悲戚的氣氛。醫生放棄了急救之後，已經開始在為老先生戴上假牙，然後通知副總統嚴家淦等政府首長，請他們速來士林官邸見老先生最後遺容。

嚴家淦等來瞻仰了遺容以後，就準備為老先生移靈。移靈用的是榮總為老先生新買的進口救護車，我們剛要把老先生遺體移上救護車，天上突然響起隆隆雷聲，緊接著一陣傾盆大雨如排山倒海而來。移靈車隊不能受天候影響而延誤時間，所以車隊就在滂沱大雷雨之中，從士林官邸緩緩前進。

令人不可思議的是，當我們移靈的車隊從士林官邸走到中山北路的時候，雨卻又奇蹟似的停了，我們就有人半認真地說，大概剛剛是老先生升天了！

噫兮天命哉！老先生一生為國，在他昏迷期間，還在囈語中念茲在茲「光復大陸拯救中國」、「反攻大陸解救同胞」。他的理想固然已經幻滅，但他的精神將永垂不朽。

第八節　追思

服侍老先生近三十年，老先生一言一行，都在我心中留下深刻而不可磨滅的印象。老先生辭世二、三十年後，我還是偶爾夢見老先生，夢中情景，和在官邸的情況幾乎是一模一樣，一點沒有改變。

對老先生，我有幾幕比較深刻的印象，至今仍難以忘懷。

一次是他偶爾向座車侍衛季峻宮提起我，不久，官邸缺少一個副官，他就差人叫我去官邸服務。可是，即使像挑選一個副官這樣簡單的事情，他都是小心謹慎，而只要他對某人有了深刻好印象，他就會一直對那人念念不忘。

還有一年，在一個國宴場合，國宴已經結束，他坐在位子上休息，我在忙著收餐具。我不經意用手抓起高腳洋酒杯，準備集中收存的時候，老先生忽然說：「翁副官，你這樣拿酒杯是不對的，這麼拿杯子是會失禮的，你看我拿酒杯的樣子！」語畢，很優雅地用手托起一只高腳酒杯，然後又說：「你看，洋酒杯應該這樣托著拿，不可手抓，這樣會在杯口留下指紋，很不禮貌。」

試想一個貴為一國領袖的老人家，竟然親自為副官示範如何正確取拿洋酒杯，他的平易近人、細膩守禮，直教我敬佩有加，到現在都記憶猶新。

老先生對我的工作，從來沒有任何的嚴詞責備，而我事實上也沒有任何的差錯。記得一九六八年，我以身體健康的理由，申請離開官邸，老先生知道了以後，還親自找了醫官垂詢我的病情。到我臨行前，他還在召見時，告訴我：「等你好了以後，需要的時候再請你回來。」語氣親切真誠，後來到錢副官、李大偉科長生病時，他第一個又想到我，叫我再回到他的身邊。

甚至在一九七三、七四年間，那時在榮總六病房，我正在替老先生做全身按摩，他突然之間問我：「翁元，你受過什麼軍事教育嗎？」我被他這樣突如其來一問，不知道該怎麼答覆才恰當，我只好直接說：「報告總統，我因為一直跟在您身邊，所以沒有受過什麼軍事教育，或是正規的高等教育。」他聽完接著問道：「你家裡還有些什麼人啊？」或許這只是因為他在醫院裡沒有人可以和他聊天，所以在心情煩悶無聊的情況下，才找我問話。經過這樣的接談，當時也在一旁值班的醫療小組醫官姜必寧事後和我打趣：「翁副官，你這下子不得了了，老先生問你這些話，表示你升官有望，老先生要提拔你了！」我聞言笑了一笑，後來雖然什麼事都沒有，可是，老先生對我的關切之情溢於言表，委實讓我到現在都還感懷不已。

當然，老先生也有他嚴肅的一面，但他的嚴肅卻不失其寬厚與細膩。

例如，有一回我在中興賓館代班當中臨時請了半天假，出去辦一件私事，請同事代理。第二天，老先生見到我第一句話就問我：「你昨天怎麼沒有來？以後應該要跟我請假呀！」

還有一次，有位護士駱小姐有事叫我，她叫了一聲：「翁元！請你過來一下！」老先生聽了馬上糾正她說：「駱小姐！你不可以叫他的名字，應該叫他翁副官才是！」這些點點滴滴，固然都是一些小事情，件件令我終生難忘。

| 第十章 |

七海情緣

初到台灣，奉派長安東路十八號服勤，就對蔣經國獨來獨往的獨行俠作風，印象深刻，老先生基於安全考量，強迫蔣經國必須要有自己的隨從和侍衛，保護他的安全。原來是老先生專責的聯合勤務指揮部，在老先生一聲令下，也組成了一個名為七海警衛組的侍衛人員單位，專門負責蔣經國的安全維護。

至於我，在老先生去世之後，本來應該不會再有機會成為總統貼身副官，可是一些機緣巧合，讓我又被奉派到蔣經國的身邊為他服務，就這樣，我繼續作為蔣家的家臣內侍。

第一節　蔣經國時代

蔣經國時代的肇始，象徵著台灣進入了一個嶄新的政治紀元，一般人總以為蔣經國時代是從他擔任行政院院長以後，或者是當選國民黨主席以後才正式揭開序幕的。其實，蔣經國時代早在民國四〇年代就已經悄悄揭開序幕，而蔣經國擔任行政院院長，乃至黨主席，只是他正式掌政的名實相副而已。

蔣經國當選黨主席的時候，嚴家淦還是總統，雖然在許多人的眼中，嚴前總統猶如一只橡皮圖章，只具有形式上的意義，可是，殊不知這正是嚴家淦先生令人尊敬的地方。蔣經國當選主席，嚴家淦曾向蔣經國致意，表示將親自至蔣經國住的七海官邸，向他道賀，蔣經國對嚴家淦的這番盛情，也對他投桃報李，他在電話中告訴嚴家淦：「總統！應該我來看您，我到官邸去看您！」

蔣經國對嚴家淦的尊敬和禮遇，也許有人認為是一種官樣文章，可是，這其實也是嚴先生值得人們景仰的地方，在老先生去世以後，體制上，他可以充分施展總統的權力，但他從來不曾這樣做，而且謹守分際，毫不逾越。

老先生臥病的那段日子，蔣經國幾乎天天向老先生簡報台灣時下的政情，包括人事布局都在蔣經國的主導下運作，事事顯示蔣經國早已做好全面接班的準備。我們反而從來沒見過嚴家淦出現在士林官邸，或是到老先生跟前，向老先生報告政務，反而都是蔣經國在處理一切事宜。這一點可茲證明，蔣經國時代早已揭開序幕。

第二節　七海新村

七海新村時代，為蔣經國開啟了一個新的紀元，他在這幢精巧別致的小洋房裡，為台灣寫歷史。

七海新村主建築興建於民國四〇年代，是時，正是國民黨政府在台灣風雨飄搖的時刻，中華民國政府和美國簽訂了「中美共同防禦條約」，這個條約簽訂以後，為了向當時的美國示好，並且基於中美雙方軍事合作的必要性，政府當局特地在台北市郊的大直，規劃興建一處度假別墅，供那時的美國海軍太平洋艦隊總司令史鄧普上將來台下榻之用。

由於只是一處度假別墅，所以並不是特別豪華寬敞，完全是以實用為出發點。這幢美軍的度假別墅後來供蔣經國使用，老先生特別為它命名為「七海新村」，一方面有海軍的意味，而且美國人一向也對「七」這個幸運數字比較有好感，所以就以此命名，兼容並蓄，討個吉兆。

事實上，不管是史鄧普上將本身，或是其他的美軍將領也好，沒有幾個人來台灣住過七海新村的。落成以後，這幢小洋房大部分時間都空在那邊。

一九六七年，長安東路正實施拓寬工程，施工期間難免到處灰塵蔽天、噪音隆隆。蔣經國住的長安東路十八號剛好就在旁邊，當然蔣家的生活起居也受到了一定程度的影響。而且，附近也有幾幢大樓正在興建，如果這些大樓蓋好，居高臨下，長安東路十八號將被鄰房一覽無遺，在安全上暴露出嚴重的顧慮。加上蔣經國的幾位子女也長大成人，每個子女都需要有各自的房間，況且子女一旦結婚成家，每個人有各自的房間，更是理之必然。

基於以上種種原因，蔣經國自己也覺得有搬家的必要性。可是節儉成性的他，並未積極準備搬家，真正迫使他下定決心的，還是蔣介石。有一次老先生去長安東路十八號，發現這個房子連他的大型凱迪拉克轎車要掉頭時，都有無處迴車的困擾，他才知道原來自己兒子住的地方居然這樣「寒傖」，簡直不能和士林官邸相比。老先生當場就要為兒子找地方搬家，並且把這件事情交給總統府三局去處理。

太子要住好房子，總統府三局焉有不戮力以赴的道理。經過一番審慎的評估，當局覺得距離士林官邸不遠的大直「七海新村」，似乎十分合乎這樣的條件的。於是，就向老先生以及蔣經國報告了這項規劃，老先生曾經親自到「七海」看過，他也覺得這個房舍建築本身，和坐落的地方都可以稱得上是上選之地，何況，它位處士林官邸東方，在安全上，附近駐紮有保護老先生的憲兵部隊，山巒起伏，也很適合作為軍事要塞基地，可以保護蔣經國的安全，一旦發生戰爭，亦可以立刻進入掩體。

基於種種原因，老先生父子就正式決定將「七海」定為新的蔣經國官邸。

第三節 「七海」的要塞化

和早期的士林官邸一樣，「七海」同樣是台灣地圖上永遠不會標明的神秘地帶。民間地圖所以不標明這二個地方，一方面因為它是總統官邸，其次是它的左近還是軍事重地，全台灣最神秘的戰時指揮部，沒有人清楚那邊的地形狀況。

以老先生住的士林官邸為圓心，涵蓋了包括陽明山和大直「七海」在內的蔣家家族官邸，這些地方全是被有關方面，劃定為要塞化的地點。附近駐軍，有整個國軍部隊最忠誠、精銳的衛戍部隊；在憲兵方面，有一個以訓練最嚴格著稱的憲兵營，它的指揮部又叫「福山指揮部」，而士林、陽明山和七海官邸，基本上都有總統專屬的侍衛和警衛系統人力部署，是這些官邸「內衛」系統的安全兵力配置。

這些官邸的安全工作，基本上全部是由「聯合警衛安全指揮部」簡稱「聯指部」統轄，而聯指部實際上又歸國家安全局指揮，國家安全局的頂頭上司是國家安全會議，而總統又是國家安全會議的主席，所以歸結到最後，總統等於是生活在這個防禦工事堅強的要塞中心，安全上稱得上是銅牆鐵壁，堅不可摧。

在士林官邸和七海官邸旁邊，還各有一條地下隧道掩體。最早，士林官邸附近還駐紮了一個戰車排，那個神秘的地下隧道，據信是早期台灣的戰時指揮所。但是，近年，這個地下神秘基地已經被其他更新的地下工事所取代。而七海附近的那處地下隧道，位處海軍總司令部內，據說可以直通台北松山機場，供戰時緊急情況時，隨時應變。

當時，台北市政府知道蔣經國有意搬到「七海」住，並且正在整建「七海」，就在「七海」的南邊，有一大塊空地是市政府公地，為了配合蔣經國官邸的搬遷，市政府索性拿大筆一揮，把這片空地直接「撥」給了海軍總司令部。而大直通往圓山的馬路，在行經海軍總司令部時，只好繞了一個大彎，繞行海軍總司令部的外牆，再通往圓山。

這樣一來，「七海」就可以遠離馬路，不會有太過嘈雜的缺點。在各單位全力配合下，「七海官邸」終於在一九六八年二月，完成了整建工程。蔣經國一家人，便從暫時借住的陽明山的前山招待所，搬進「七海新村」。

在建築風格上，七海和士林官邸是兩個完全截然不同的典型，士林的特色是氣勢恢弘，建築氣派，而七海則全然是以實用樸素為原則，兩者的基調是大不相同的。如果看過了士林官邸，再將兩者做一比較，就會覺得蔣經國的節儉樸實。

基本上，七海的建築體是呈一個「L」型，為了讓蔣經國一家大小能夠共聚一堂，七海當然做了小範圍的改建，但基本格局還是不變，內部家具和裝潢也都相當簡單，絕沒有一般巨商大賈或是現在政府高級官員那種豪門大戶的闊氣。

就以七海的客廳為例，牆壁上掛了一幅張大千晚年送給經國先生的水墨畫〈鍾馗捉妖〉，還有一幅書法家趙恒惕寫的對聯，中間擺著一對由泰國華僑贈送的象牙，以及一些瓷器和手工藝品等，外表看起來和一般的台灣家庭絕對沒有什麼兩樣。

從蔣經國選擇七海作為他的官邸，到整個建築完成，有幾位功臣是蔣經國相當賞識的。像經手的鍾湖濱、夏龍和當時的行政院辦公室主任葉昌桐，這些人都為經國先生的喬遷盡心盡力。後來，他們都是軍、政界相當有成就的人物。

第四節　迷路事件

早年的蔣經國向來以平民風格自詡。由於他年輕時代留俄和共產黨員的資歷，蔣經國打心眼裡很反對政治人物有什麼隨從人員。一方面，他覺得有隨從跟在旁邊做事沒有隱密性，另方面，他總覺得背後成天有群人簇擁在後面跑，實在有違他一貫主張的平民化風格。所以，打從長安東路時代，我就意識到，蔣經國在許多方面和他的父親，在作風上是有很大的差異。然而，一次七星山迷路事件，卻讓這位太子被迫慢慢改變了不帶隨從的習慣。

那是一九六八年間的事情，蔣經國任職國防部部長。某日，他心血來潮，說要去台北七星山上面的一個空軍雷達站視察。於是他就輕車簡從，只帶了一個司機部學海，由他開著部長座車，直接上陽明山後面的七星山。上去的時候是下午三、四點鐘的樣子，當車子到了公路的盡頭，只有走路上去才能到那個雷達站。蔣經國就吩咐司機部師傅，要他在山下等候，他只要上山到那個部隊視察一下防務就馬上下來。

說完，蔣經國已經消失在羊腸小徑之中。這位老駕駛在車上耐心地等著，一直等到天都黑了，霧氣包圍了整個七星山區，看看手錶，竟然都已經快八點鐘了，卻還沒見到教育長（蔣經國命令所有的下屬稱他為教育長）下山。部學海心想這下麻煩了，天已經暗了下來，連他都看不清山上的路了，何況是蔣經國，如果他再在這裡傻傻地等，八成是凶多吉少。於是他毫不遲疑，拿起車上的無線電，呼叫國防部電台，向國防部報告蔣經國可能已經迷路的消息。國防部向山上雷達部隊查證，證實蔣太子迷路了。這還了得，立刻向官邸老先生報告，老先生聽到這個消息相當吃驚，他立刻命令國防部連夜組成一支搜索隊。這支搜索隊是由介壽館的憲兵警衛營所編組，帶隊官是介壽館警衛組長唐茂昊，集合隊伍之後，便立即上山進行搜索，在照明燈具的照耀下，沿著山路一路找尋。

那時，老先生還沒有把主要的權力全部交給蔣經國。但是，老先生事實上一路在做給兒子蔣經國接班的準備，所以蔣經國的切身安危，遠比一切事情來得重要。聽到兒子迷途失蹤，豈有不緊張的道理。那個晚上士林官邸燈火通明，老先生徹夜等在電話機旁，焦急等待蔣經國下落的進一步消息。他一面等，一面抱怨兒子為什麼平日老是不喜歡有人隨從，如果今天有人跟著他上山，至少不會在山中起霧的情形下，找不到下山的路來了，老先生在官邸來回踱步乾著急。

憲兵找了一、二個小時，憲兵終於在一條小路上，找到正坐在小路旁休息的蔣經國。當憲兵找到他時，蔣經國可說是一臉倦容。在憲兵同志的扶持下，蔣經國走下山來，在這同時，老先生也從無線電中，知道了兒子已經被憲兵尋獲的消息，他才如釋重負地鬆了一口氣。老先生隔天就找蔣經國到面前，他堅持從今以後，蔣經國出門去任何地方都要有隨從跟著，不准再發生像那晚發動大批憲兵搜山的事情，這時，蔣經國才開始接受隨從人員做他的跟班。

迷路事件過後，老先生直接叫侍衛長孔令晟，在警衛官裡挑選幾個優秀軍官，作為蔣經國的隨從侍衛，強迫蔣經國接受。但是，後來蔣經國覺得以軍官作為侍衛，似乎階級太高了些。所以，他沒有接受為他挑選的二位尉官，而另外要孔令晟為他找二個士官就可以了。後來就在警衛隊找了二個士官，一個叫陳烈，另一個叫王乃之。

除了二個士官每天輪班跟隨他以外，蔣經國住的七海新村也再加派了幾個衛士日夜輪班維護安全。

儘管蔣經國在名義上有了自己的隨從副官，他獨來獨往的性格依舊不改，有時行蹤根本不讓部屬知道。所以，經常發生隨從被他蓄意擺脫的情形，而隨從又要肩負保護他的重責大任，因而總是讓隨從忙得團團轉，追著他跑。假如他刻意要隱瞞自己的行蹤，能不能追上他，完全看隨從的本事。

第五節　七海警衛組的草創

一九七〇年四月，蔣經國奉老先生之命，赴美國訪問，當時他已經是行政院副院長。讓國民黨政府意外的是，蔣經國的訪美之行，卻發生了黃文雄、鄭自才槍擊謀刺案，雖然蔣經國只是虛驚一場，沒有受到任何傷害。可是，在台灣的老先生已經為此惶惶不可終日，連忙命令為太子成立「七海警衛組」。

「七海警衛組」在組織編制上，屬於聯合勤務指揮部，從總統府侍衛隊裡面，以及憲兵、警官隊裡面精選了一支侍衛部隊，專門維護蔣經國的安危。在蔣經國還沒從美國回到國內，這個警衛組已經編配完成，並且立刻被派遣到大直的七海官邸布建，在蔣經國住處，布置了重重嚴密的安全網。

記得「七海警衛組」成立的時候，為了要找警衛組的組長，讓有關方面煞費苦心。最初，大家聽到是要選一位組長負責蔣經國的安全，大家都知道這是一個吃力不討好的職務，所以徵詢了老半天，居然沒人願意去。上面正在發愁找不到人，這時，有一位中校軍官叫呂寶福，他說既然沒有人要去，那麼我去好了。

上面查了一下他的資料和經歷，覺得他確實還滿合適的，就同意派他為第一任的七海警衛組組長。

其實呂寶福中校也的確是相當適任的人選。他在擔任組長以後，受到上級的賞識，到蔣經國當上行政院長，乃至總統以後，七海警衛組的地位，自然取代了總統府侍衛室的地位，在層級上，當然也相對提高。最早，七海警衛組組長職缺是上校缺，呂寶福去了不久就升官，他退休的時候還升上了少將，因而羨煞當時沒有去爭取組長位子的人。

等蔣經國從美國回來後，呂組長就開始負責經國先生的安全任務。因為聯指部的編制配屬在國家安全局的下面，在經費上絕對不成問題，七海警衛組共有六十名定額的安全人員，經過蔣經國核准同意後，還在七海成立了一支專門負責蔣經國日常交通勤務的車隊。無論是安全警衛或是車隊單位，都是二十四小時待命。最早，七海不過只有四名侍衛負責門禁和安全警戒，警衛組一成立，儼然成了另一個小型的侍衛室。

一向主張不得招搖的蔣經國，在七海成立警衛組以後，也對警衛組的成員做了各種的機會教育，而且逐漸成為蔣太子人馬的一項傳統作風。

在蔣經國的調教下，七海警衛組的人員在形式和實質上，做了相當程度的改革，以期和老先生的士林官邸侍衛室有所分野。

比如說，在衣著方面，老先生的侍從人員一向是穿中山裝，侍從人員的衣著和老先生的衣著沒有什麼直接關係。可是自從成立七海警衛組以來，七海警衛組的侍衛人員也好，車隊人員也罷，在穿著上一律是跟著蔣經國的衣著而定。他穿西裝，大家就穿西裝，他穿青年裝，大家也穿青年裝，他冬天老是一襲夾克，那麼我們也都是穿夾克。

但是，這麼一來，也因此間接鬧了一些笑話。

有一回，蔣經國搭飛機去南部視察基層，下機的時候，照例侍衛人員為維護安全，會先在機場停機坪安全佈建，在專機四周圍成一個圈子，以免有任何突發狀況，任何國家領袖的侍衛人員都會有類似的保護手法。可是，就是因為他並不習慣侍衛人員的保護，加上侍衛人員為了安全因素，經常要更換若干人選，難免在侍衛人員當中，有一大半是蔣經國不認識的生面孔。某日，蔣經國從飛機下來，他見到有一位滿福態的人，從密密麻麻的人潮中朝他的方向走來，他也不知道那人的身分，只見那人衣著光鮮，很像是來接機的地方人士，蔣經國一個箭步上前，滿臉笑容握住那個青年的手，沒想到那個年輕人本能地縮回已經被蔣經國握住的手，連退了幾步，一臉不知所措的樣子。蔣經國的隨從知道是老闆誤把侍衛人員當作來迎接他的地方人士，連忙向蔣經國說，他是我們的侍衛，這時蔣經國立刻收斂了笑容，因為真的地方人士這時也混在人潮中，蔣經國按捺住脾氣沒多說什麼，大家也就把這件事淡忘掉了。誰知道，當天回台北以後，蔣經國找來負責主管，劈頭就問：「是誰叫你們站得那麼近啊？你們以後隔我遠一點，不要再有今天的情況發生！」

蔣經國對握錯手的事顯得相當震怒，畢竟，在那樣的大庭廣眾之下，竟然發生握錯手的糗事，堂堂全國最高行政首長之尊，竟然連地方仕紳的手都會握錯，簡直嚴重損及領袖尊嚴，自然是一肚子惱火。

這次握錯手的事件以後，每次他出巡，侍衛人員再也不敢過於靠近他的身旁。警衛組從此只要是派勤務，一定是派一些蔣經國認識的熟面孔侍衛人員，陪他一塊兒出巡，以免再因老闆不認識，而發生握錯手的糗事。就是因為每次出勤，他們老是找一些固定的人出去，所以難免引起不能跟著蔣經國出巡的人一些抱怨。認為出勤的人老是那幾個，有什麼好處總是輪不到自己，不公平云云，這些事自然多多少少影響了侍衛人員的士氣。

其實，侍衛的職責在保護他的安全，如果禁忌愈多，自然工作上的困難度也愈高，然則蔣經國是不會管這些事的。侍衛人員開始有人抱怨工作，也有人對老闆的作風心生不滿。

試想，一個領袖人物，他每天要應付多少人？他當然要以不同的面目去面對不同的人，否則，他何以立威？

侍衛們慢慢了解蔣經國的個性，他和老先生在許多方面截然不同。老先生是一個愛憎分明的軍人，個性直率真誠。而蔣經國則是一個天生的政治人物，在外人面前是一副面孔，在面對我們或是侍衛時，又是另一副面孔。有人認為，他是一個人前笑臉可掬，稱兄道弟，而只要一分手，馬上會翻臉不認人的兩面人。

在他的身邊，讓侍衛們理解到什麼是所謂的伴君如伴虎。縱使侍衛人員在背後有這樣的批評，畢竟蔣經國不是神，我覺得他還是有他至情和人性化的一面。

第六節　回鍋副官

我在蔣經國家服勤，最早是在一九五〇年長安東路時期，會回鍋成為他的貼身副官，則完全又是一種機緣巧合。

那是一九七六年陰曆新年的事。我在老先生過世以後，一直在慈湖守護陵寢，新年的某日，我在值班，到慈湖守靈的蔣經國不知怎的，突然無緣無故地生了一場怪病，發冷發熱，有點像大陸說的「打擺子」。身上蓋了二床棉被還連聲喊冷，我們大家都不知所措，侍從醫官只好先替他做抽血化驗，看看他是不是感染什麼病毒之類的，然後幫他加床棉被保持體溫。可是，他身上蓋了二床棉被，還是不停發抖，我看這樣不是辦法，只好用身體撲在他的身上，壓住不停在發抖的他。一方面為了防止他把棉被抖落，另外也希望用我自己的體溫，保持他的體溫，這樣照顧了他一個晚上。第二天，我們看他病情還是沒有顯著轉好的跡象，知道非送醫院不可，就由侍從醫官聯絡榮民總醫院，準備當天立刻給他辦理住院手續。

如此，我就趕早為他準備一些衣服，可以在去榮總的路上穿，以免再度著涼。我在慈湖陵寢找到一件當年老先生常穿的絲棉袍，給他套上，然後外面再罩一件老先生生前穿的馬褂，那件絲袍看起來長了一點，大小倒很合身。就這樣，我們用這樣厚的衣服，將蔣經國裹得緊緊地，坐上座車，一路直奔台北榮總。

我記得那天是陽光普照，氣溫也還適中。我一路跟去榮總，路上我已經覺得蔣經國的氣色似乎慢慢在恢復，果然到了榮總一檢查，什麼毛病也沒有。而且，一路上，蔣經國一直在冒汗，大概是路上的陽光加上身上還穿著厚衣服，所以體溫很快恢復正常，體力也逐漸復元，榮總為他預備的病房根本沒派上用場。因為他本身也堅持能夠馬上去處理公務，於是在檢查結束以後，護理人員便為他換了衣服，隨後就趕回七海官邸去了。我們也在任務完成後，再回到慈湖守護陵寢。

後來，據醫生推測，蔣經國那次所以會有發高燒的情況，應該和他糖尿病有關。

當我送達榮總後準備離去，他還很誠懇地對我說：「謝謝你！」

一九七八年五月二十日，蔣經國當選中華民國第六任總統。在他就職前夕，他的二公子蔣孝武建議他父親，應該和老先生一樣，在身邊有幾個貼身副官伺候他的起居生活。蔣孝武想了半天，沒有什麼現成的適當人選，於是他想到我們在慈湖的這幾個人：「為什麼不叫慈湖二位阿爺的副官來照顧父親？」

蔣經國對這個建議始終不置可否，蔣孝武知道他父親的個性，如果不置可否的話，就表示他已經默認同意了。因而，就到蔣經國就職的第二天，給我們下達了調職命令，並且當天就到七海報到。

第七節　波折

我們帶著簡單的行囊到七海報到後，我和王文浩副官採取隔天輪班的方式，也就是說一個人輪一天，每次值班的時間是二十四小時。因為我們到了七海，原來七海的老管家汪媽沒有房間住，只好搬到陽明山蔣孝武住的地方去，順便也替蔣孝武料理些家務。

可是，在我們的工作做得很順手的時候，有天，蔣經國忽然通知侍衛長，要我們再回慈湖守護陵寢。我們也被弄得滿頭霧水，不清楚自己究竟是犯了什麼錯，可是，上命難違，只有乖乖收拾行囊準備走路。

不久，蔣經國特別找了副侍衛長來告訴我們原因：「總統特地要我來告訴你們，絕對不是你們做不好，或是犯了什麼錯，而是他看到你們就會聯想起老先生，怕自己徒增感傷，所以只有把你們再調回慈湖，他特別要我來慰勉你們，向你們做解釋。」

後來據說蔣孝武也問他原因，他也是說同樣的話。

我們很清楚，蔣經國並不習慣用貼身副官，在心態上，他以前就一直想改變士林官邸老先生時代的那套老作風，何況，他在以前，幾乎所有私事都是自己打理的，從不假手他人。我們到了以後，為他處理一些私人的事情，當然讓他覺得很不自在，我們也清楚，錯並不在我們，而是蔣經國沒有辦法調適當總統處處有人服侍他的情況。

一九七九年，蔣經國因為攝護腺開刀，榮民總醫院建議他最好能夠有幾位護士到官邸，照料開刀後他的生活起居。可是蔣經國對這項建議表示難以同意，但那時他剛剛開完刀出院，也確實需要人照顧他的日常生活。然而，他卻對護士到官邸服侍心存排斥，兩相權衡，他想想倒不如再把我們二個在慈湖守靈的副官，派到他身邊服侍。

某日，我們接到總統府辦公室主任周應龍的通知，要我們立刻「去六號報到」。我們起先搞不清楚怎麼一回事，因為我們並沒有得到任何有關蔣經國開刀的訊息。所以，得到要我們「去六號報到」的命令，我根本有些莫名其妙。後來，去了榮總的六號病房，才曉得裡面這次是住了剛剛動完攝護腺手術的蔣經國。要我們去報到，其實就是要我們去服侍蔣經國。

蔣經國見了我們的第一句話是：「我要請你們幫一陣忙，因為我剛開完攝護腺，需要休息一段時候，至於如何輪班完全看你們方便。」

開始那幾天，蔣經國不論是大小便或是洗澡，都要我們幫忙照料，從這一天以後，蔣經國再也沒有向我們講過說不要我們了。因為這次的開刀休養時間，他也慢慢習慣了有人照料的生活，從此我就留在七海，一直到他去世為止。

因此，我就這樣成了回鍋副官。

｜第十一章｜

蔣經國與蔣方良

曾經有人笑談蔣家的家族婚姻，簡直有點像是聯合國。

當然，從經國先生一直到他的弟弟緯國將軍，他們二個家族的婚姻似乎都和外國人脫離不了干係，難怪有人要做這樣誇大的形容。

就以蔣經國的元配蔣方良女士來說，外界對她始終就有非常多的臆測。當然，在這許多猜測當中，不乏是沒有任何根據的胡亂猜測。但是，蔣方良所以會引來那樣多的關切，和她是一個外國人有關。

其實，蔣方良是一個非常質樸而和善的女人，她具有東方女性特有的溫婉性格。所以，老先生曾經在她生日的時候，送給她一則賀詞，上書：「賢良慈孝」四字，可見老先生對她的愛護。

但是，蔣方良畢竟是一個外國人，她也有一般外國人在中國遭逢的各種問題。尤其是她嫁到中國這樣特殊的一個政治家庭，自然有許多不足為外人道的辛酸苦衷。

早年關於經國先生在外面的花邊新聞傳說，可以說是此起彼落，但這些都僅止於流言的傳說，當然在官邸內外引起若干程度的波濤。然而，無論外邊的風言風語如何談論，蔣方良對丈夫和子女的情愛，卻始終沒有變質。

第一節　酗酒之說

和老先生夫婦相比，蔣經國夫婦間的感情，可以說是另一種典型，有些官邸的同事認為他們是相敬如冰，我想這是一個政治家庭在所難免的。在外界的傳說中，總有一些人認為因為蔣方良生活太過苦悶，所以染上了酗酒的習慣。

其實，俄國人原本就擅長喝酒、歡喜喝酒，外人對方良女士嗜酒如命，甚至借酒澆愁的說法，恐怕有相當一部分是渲染過頭了。

剛到台灣之初，當時台灣還不准進口俄國酒，有人知道方良喜歡喝伏特加，特地想辦法從香港弄來大批的伏特加，送到蔣經國的家裡。所以，當時蔣經國的家裡有不少伏特加烈酒，只要有興致，夫妻倆總不忘在自家飯桌上，斟酒對酌。

論酒量，方良的酒量絕對不輸給蔣經國，可是蔣方良從來不在公開場合與人較量喝酒的能耐，而蔣方良若是真要跟蔣經國一較高下的話，方良不見得會居下風。

當然，蔣經國因為公務的關係，必須經常和同僚或是部屬喝酒應酬，久而久之，也練就了一身好酒量。

一九五〇年代，國軍部隊大力推動所謂的「克難運動」，每年都要選出「克難英雄」，做公開表揚。

當年只要是選出了克難連隊之後，照例蔣經國要到那個部隊去和全體官兵吃頓飯，所謂克難連隊，大概都是以連為單位，一個連隊總有百來人，照例，蔣經國會逐桌敬酒，當年的蔣經國喝起酒來可一點都不含糊，要喝就乾杯，絕不拖泥帶水，幾桌敬酒下來，他卻絲毫臉不紅氣不喘，由此可見他的酒量確實十分可觀。

蔣經國的酒量況且如此驚人，何況是蔣方良。

菸酒不分家，蔣方良早年也會抽菸，她的香菸多半是放在衣櫥裡，防止小孩子拿到，可是她的兒子們古靈精怪，很快發現媽媽藏菸的地方，經常偷菸到學校抽。

第二節　學英文

一九五〇、六〇年代，台灣和美國的關係趨於和好之際，蔣經國和美國一些官員的接觸也日漸頻繁。但是以前蔣經國的英文並不是很好，為了和美國人特別是美國的軍方和情報單位的官員搞好關係，蔣經國在英文方面下了一番功夫。

不但自己在語言方面痛下苦功，連蔣方良他也為她請了一位美國駐華大使館某參事的太太，到家裡來教蔣方良英文。後來，又請了一位英國人去長安東路官邸教他們倆夫婦英文，兩人可以說在英文上面下了很大的功夫。蔣經國夫婦後來的英文程度都不錯，就是那時打下的基礎。

以後，美國西方公司的克萊恩到台灣來，經常到蔣經國的家裡作客，大家都是用英文交談。

經國先生生病後，蔣方良又很少出門，上午就坐在客廳看看英文報紙，像*CHINA POST*、*CHINA NEWS*之類的書報，聊以打發時間。

第三節　學京戲

蔣方良喜歡喝酒的傳聞此起彼落，但是，她這個俄國女子竟會喜愛上中國的京戲，恐怕更是讓人不可思議。

早在大陸時期，蔣方良根本不知道什麼叫京戲，只是那時還是跟著純欣賞的階段。但是，卻因為經國先生的緣故，結識了不少京戲界人士倒是不爭的事實，除了梅蘭芳這樣的大牌演員之外，像後來來台後紅遍半邊天的顧正秋、焦鴻英等人，都和蔣家大少爺夫婦結下了不解的戲緣。

來台之初，台北不像當年上海那樣的十里洋場，有各式各樣的娛樂消遣。何況在官宦家庭，先生經常不在家，蔣方良當然必須有懂得自我排遣的方法，否則難免生活單調難耐。

早期，在軍中對國劇推行最不遺餘力的，首推那時的空軍總司令王叔銘。在他的催生下，台灣部隊中的京戲團先後誕生，如「大鵬」就是王叔銘將軍一手栽培起來的，在他的刻意培植下，也出了不少名伶，像徐露、郭小莊等。

蔣經國和王叔銘因為同係留俄同學，而且老先生對王叔銘的忠誠，又是十分激賞，在長安東路時代，兩家就時相往還，成為通家之好，蔣經國夫婦便有更多的機會，接觸京戲。後來，經國先生夫婦愛上了票戲，經人介紹認識了一位名角，美豔親王，焦鴻英小姐。蔣方良對這個新鮮的藝術活動，很感興趣，相當用心地學了一陣子。

第四節　三分鐘熱度球迷

蔣方良年輕時代對運動向來是很熱中的，對球類活動亦不例外。最早，蔣方良對保齡球很有興趣，她在運動方面也確實頗有天賦，玩什麼就精通什麼，曾經有一段時間，她經常到距離士林不遠的圓山保齡球館去打保齡球。沒多久，她就打得相當出色，可是，卻不知何故中途停輟。

保齡球不打了，在王永澍夫人、媳婦蔣孝文夫人徐乃錦的教導下，蔣方良學會了打高爾夫球。從此蔣方良就對高爾夫球產生了濃厚的興趣，以後大凡只要有空，她就會在王永澍夫人和長媳徐乃錦的陪同下，一起去老淡水高爾夫球場打球。

可是，後來打沒幾個星期，她又不打了，大概和她本身有氣喘的毛病，以及球伴不易尋找有關。畢竟像王永澍夫人和徐乃錦等人，還是有自己的工作要做，若是偶爾找球伴不好找，蔣方良就沒辦法打成球了。幾次下來，蔣方良大概自己也漸漸失去對高爾夫球的興趣，於是她又把球具束之高閣。當時蔣經國是滿鼓勵她，常做這類有益身體的活動。

第五節　座車事件

經國先生當上總統之後，總統府第三局計畫給蔣經國更換座車，可是卻碰了他一鼻子灰。

一向以節儉自期的蔣經國，向來不喜歡浪費鋪張。他在行政院長時代，坐的是一部舊的美國別克（BUICK）轎車，當了總統以後，照當時首長座車的有關規定，蔣經國應該可以更換更大的七人座凱迪拉克豪華轎車。總統府三局就依照這個規定，要為蔣經國換車，可是蔣經國知道了之後，馬上告訴承辦人員，他的座車不必更換。他強調，自己還是比較喜歡原來的那部別克車，相關人員聽他這麼說，只有連連說是。

可是，因為新上任的行政院長孫運璿卻因為老的座車被蔣經國開走了，沒有院長的專屬座車，只有把原來在當經濟部長時的一部裕隆汽車，開到行政院，作為院長座車。然而堂堂行政院長還是坐國產車，似乎還是不太妥當，有相關的幕僚人員就此事，向蔣經國報告。蔣經國一聽，覺得對孫運璿有些過意不去，就告訴自己的幕僚：

「這樣的話，乾脆就把總統座車給孫院長坐吧！」

幕僚人員一聽，知道他還是希望繼續坐他舊的別克座車，執意不肯換車。

蔣方良從來不過問蔣經國的公務，所以她並不清楚丈夫拒絕換新車的原委。有一天，蔣經國下班回七海官邸，在車子進官邸大門的時候，一眼瞧見怎麼車庫裡停著一輛簇新的凱迪拉克七人座，就問侍衛那是誰的車子，侍衛當然據實以告，說是夫人的新座車，蔣經國當時心裡就覺得很不高興。他當然也知道錯不在蔣方良，可是當他知道太太是坐這部七人座，帶著大批侍衛和隨從，一行浩浩蕩蕩到老淡水高爾夫球場去打球，他就告訴蔣方良，他自己的座車還是原來行政院長的那部老車子，他不預備換新車，為了不要太招搖，他要太太不要再坐那部新的總統夫人座車。

但是，蔣方良還是要有專屬的座車，蔣經國隔天就要總統府三局為蔣方良買部福特千里馬，然後退掉凱迪拉克七人座。

福特千里馬買來以後，蔣經國還親自試乘了一次。那次，蔣經國剛好要到慈湖謁靈，就順道試搭了一次福特千里馬，在車上，蔣經國直說：「我看千里馬也不錯嘛！」於是，就打算把這部千里馬作為蔣方良的座車。

丈夫雖然說福特千里馬也不錯，但是，蔣方良並不做此想。那部千里馬她才坐二次，蔣方良就向武官反映，千里馬好是好，可是還是沒有原來的別克車坐起來舒服，蔣方良要武官把原來的那輛別克車再設法開回來，武官告訴蔣方良，原來的那部別克轎車，已經撥給蔣孝文當座車去了，但蔣方良要車，武官豈有不從之理，只有去想別的辦法。

後來，武官還是給經國夫人設法弄了一部新的別克車，就這樣平息了一場夫人座車之爭。當然，蔣經國也清楚蔣方良不喜歡那部千里馬，只是，他不願再為了座車的事，再和蔣方良爭執。

那時，那時的副總統謝東閔和以後的副總統李登輝都是坐的凱迪拉克七人座，唯獨蔣經國不願換車。蔣經國最早在大陸時期就是坐別克轎車，一直到晚近，甚至當了總統，他還是對別克車情有獨鍾。既然他堅持不肯換車，有關方面只好想別的辦法「更新」經國先生的座車。

士林官邸有個交通股，蔣經國的那輛別克汽車就是由這個交通股動腦筋，把它做一次翻新。士林官邸交通股的作法，是向美國別克汽車廠進口一部全新的汽車引擎，等新的引擎進口以後，再把蔣經國那部車的舊引擎拆掉，換上新的引擎，等測試沒有問題了，再將這部「新車」交給七海官邸。講它是新車，其實車皮根本是舊的，只有引擎更新了，這樣的一部拼裝新車，又可以混個幾年。蔣經國知道了也很高興，這樣節省公帑，台灣又有多少人能夠知道內情。

基本上，士林官邸的所有座車和公務車輛，大概不下五、六十部之多，這些車子的保養維修，全部是士林官邸交通股自己全部包辦。

蔣經國曾經私下告訴一位好友，他只有和老百姓在一起的時候，才是他最快樂的時候。他生性是一個不愛講排場的人，所以，他對自己的座車到底是什麼牌子的汽車，根本看得很淡。因而，在他的總統車隊之中，根本沒有凱迪拉克七人座座車，除了只有他自己坐的別克轎車，也有裕隆國產車、福特千里馬、賓士、ＢＭＷ。大家當時都愛開玩笑，說他的車隊簡直是個雜牌軍，什麼車種都有。

他自己坐的車是舊的別克汽車，可是，如果有前輩需要車子，他卻從來都不吝惜。例如陳立夫先生從美國回來後沒有座車，就是蔣經國親自下條子給士林官邸交通股，叫他們給陳立夫撥一部凱迪拉克五人座轎車。這是一個十分罕見的例子，也可見蔣經國的待人寬厚，而律己則甚嚴。

第六節　空頭董事長

一個被自己丈夫有意無意間孤立起來的異國婦人，蔣方良心中儘管有無限感觸，她都沒有任何機會一吐胸中塊壘。蔣方良不像她的婆婆宋美齡那樣，有一個強勢的娘家，可以在自己最危難的時候，去自己家裡討救兵。她遠離自己的祖國，沒有任何親人可以倚靠，再加上她自己原本就是一個對政治毫無非分之想的女人，她在複雜的台北政治圈子裡，簡直就是一個異數。

在名義上，蔣方良是三軍托兒所的掛名董事長，可是她從來不曾參與過這個軍方幼兒機構的任何活動，她甚至連這個托兒所的大門都沒進去過幾次。

最早，一些官太太不知道蔣經國的個性，以及蔣方良在實際決策過程中扮演的角色，還冀望蔣方良能夠為她們為自己老公或是親朋講些情面，拉些關係。蔣方良最早也沒摸清楚丈夫的脾性，還答應為人說項，可是等她向蔣經國提起，蔣經國的反應相當直率，劈頭就說：「以後公家的事情，你最好別管！」蔣方良當然清楚蔣經國的心意，所以，從此再也不代人說項，對丈夫經手的政務，也再不做任何的干預和插嘴。

蔣經國對傳統上，夫人干政的情況是深惡痛絕的，在他主控的七海官邸，他當然絕對不允許有夫人插手政務的事情發生。蔣經國的心目中，還是很執著傳統的觀念，就是堅持男主外、女主內，太太對先生在外面的情況知道得愈少愈好。

第七節　自我禁錮

由於經國先生並不支持太太經常外出，或者到別的官家去串門子。而蔣方良是一個以丈夫為重的傳統婦女，又是一個外國人（儘管她一向自認是一個十足的中國人），缺乏奧援，久而久之，她難免走上自我禁錮的道路。

她的長媳徐乃錦和王永澍將軍的太太，好意要陪她去打球，她也不去了。早年住在長安東路的時候，有時還會到西門町去買布、逛街，甚至看場電影。後來搬到七海，一方面是距離市區比較遠，一方面先生平步青雲，一路做到總統，她再不可能像一般平民百姓一樣，在街上閒逛。

有段時間，她固定時間去台北統一飯店美容部洗頭髮，後來甚至頭髮都是請人在官邸為她簡單洗洗，不再出門洗頭。

慢慢地，她可說真正和外面的世界隔離，在身心上難免造成了一些後遺症。

第八節　憂鬱症

長期的足不出戶、自我封閉，蔣方良的精神終於出現了警訊。

最早，她是不和任何人說話，和蔣經國一天講的話，大概不會超過十句，總是一個人沉默地靜坐一旁，有時蔣經國下班回來，她也是坐在那兒，連招呼都不打。

當時，大家都沒有注意到她有什麼特別的問題。可是，等到有一陣子，大家發現她出現了怪異的舉止，才開始發現情況有異。

原來，在長久自我封閉之下，蔣方良不自覺得了一種憂鬱症。這種精神上的反常現象發生時，蔣方良就開始在官邸上下到處翻箱倒櫃，把她自己所有的東西，包括金銀首飾、衣服用品，搬得官邸上下樓到處都是。

後來，大家才知道她的精神有些不太穩定，大家都認為是因為長期悶在家裡造成的。可是在這個時候勸她多去外面走走，她又毫無興致，就這樣子，精神狀況時好時壞。

為了治療她的憂鬱症，醫官特別給她開了些藥，控制她的情緒。但是，她的憂鬱症對於他人並無危害，只是輕微的精神耗弱狀況。

蔣方良是一個不適合參加政治活動的女性，只要是有要她出席公眾場合的情況，前一個晚上，她肯定是徹夜睡不著。第二天一大早，通常是她最早起床，穿著要去赴約會的正式服裝，坐在客廳沙發上等待。她就是這樣一位很容易緊張的家庭主婦，一點也不像是第一夫人。

為給她排憂解悶，七海官邸還有一位護士專門陪伴她。這位護士陳小姐，是台灣人，早在蔣孝文和徐乃錦夫婦生女兒蔣友梅時，請來的一位護士。後來蔣友梅長大了，但是蔣方良覺得陳小姐人很熱心，照顧人也很周到，就這樣一直把她留了下來。可是，蔣家基本上也待陳小姐不薄，陳小姐是拿的台北市市立中興醫院的薪水，在七海一天工作十二個小時左右。後來陳小姐自己結婚生子，時間不多，就改為每天下午三點上班，晚上九點離開官邸回家，工作狀況可說相當禮遇。

陳小姐名義上是護士，但實際上是在做陪伴蔣方良的工作，讓蔣方良白天有個聊天的伴，心理狀況不致惡化。

| 第十二章 |

蔣經國子女恩怨情仇

第一節　悲劇一生談蔣孝文

為人父母的，對長子總是有著一種特殊的期許和眷顧，蔣經國自不例外。

蔣孝文，一九三五年生於蘇聯。他是蔣經國和蔣方良在蘇聯患難與共的歲月，生下的第一個孩子，所以，他們夫婦對孝文都有一種特殊的感情，看到孝文，就等於重現年少時代在西伯利亞大平原上那段最艱辛的日子。

蔣氏夫婦投下了大量的心力，可是他們的收穫卻極其有限，孝文是生於憂患死於安樂的一個最典型的例子。在最艱困的時代裡，孝文越過大半個亞洲大陸，跟隨他的父母回到祖國，可是，到了台灣生活比較安定的那段日子裡，他卻發生了一連串出人意表的悲劇。

蔣經國對孝文的管教非常嚴格，只要孝文一犯錯，必然難逃蔣經國一頓訓斥，孝文也因而最怕父親。

記得我們在長安東路當侍衛的時候，晚上時常被蔣孝文叫去為他「推」吉普車。吉普車所以要推，倒不是說吉普車出了什麼毛病，而是孝文喜歡過夜生活，和三五好友一起通宵狂歡。那時大概他的玩伴當中只有他家裡有車，但經國先生對他管束甚嚴，只要蔣經國在的話，孝文根本不敢亂跑，可是到了深夜，孝文還是會趁他父親熟睡以後，偷偷摸摸地溜出官邸，然後要我們守在門口的侍衛為他開門，但是，又怕吉普車在院子裡發動的話，會吵醒蔣經國，就叫我們侍衛幾個人一起，為他把吉普車推到官邸外面的長安東路上，大概推到距離官邸大門有好幾十公尺遠，才敢發動引擎，然後加速揚長而去。

在年齡上，我們只比孝文大五、六歲，所以，那時我們之間還很可以溝通，他也經常到我們侍衛的宿舍，和我們混得很熟。所以，他把侍衛住的地方和門房，當作他日常休閒的去處，下了學不是和同學好友出去玩的話，就是在我們的活動範圍，和衛士們膩在一起。

老先生對孝文這個長孫至為疼愛，老先生畢竟是軍人出身，所以孫兒們若是喜歡掄刀弄槍的，那他是最高興的了。而孝文從小就對槍支很有興趣，從高中時代，只要回到長安東路官邸更是槍不離手，經常見他把玩左輪手槍之類的武器，因為孝文這項「嗜好」是老先生鼓勵的，自然沒有人敢去制止阻擋他。老先生不但鼓勵他多認識武器性能，還鼓勵他去打靶、練槍法，因而孝文更是把手槍當作他隨身的寶貝，除了去學校之外，常常見他腰間拽把左輪槍。

某日下午，有位便衣衛士李之楚剛好下班，回到宿舍休息，一進門，就見到孝文一個人躺在床上耍弄著他的左輪槍，孝文看見李之楚進門，就喊了一聲：「不准動！」然後把槍口對著李之楚瞄準，李之楚平時也和孝文玩得很熟，以為孝文又是在開玩笑，就隨口一句：「唉！別隨便拿槍對人亂指，會鬧人命的！」蔣孝文大概一時失手，或者神情有些恍惚，手指突然不聽使喚，只聽轟然一聲，孝文竟然觸動了扳機，一槍剛好打中了李之楚的胸口，當場李之楚就倒在血泊中。

孝文大概忘了槍裡居然裝了子彈，更沒有想到竟然一槍打中了李之楚要害，當場大驚失色。大家聽到槍聲，心知不妙，立刻跑到衛士房間探個究竟，結果一看是李之楚給孝文一槍打傷了，大家看到情勢非常危急，李之楚中彈的部位是胸前，大家都認為他是凶多吉少，可是情況危急，也顧不了那麼多了，只有立刻送他去醫院碰碰運氣了。這時，孝文知道自己闖下大禍，已經嚇得臉色發白，愣在房間一角沉默不語。

送醫急救後，李之楚竟然奇蹟式的救活過來，子彈距離他的心臟據說只有幾公分近，只要子彈稍微再偏一點，他就沒有命了。李之楚和我是同年入伍的，也是浙江人，後來蔣經國大概怕有人說話，加上他那時的身體狀況，已經再不能允許他執行勤務，所以，蔣經國乾脆把李之楚想辦法弄到高雄的建台水泥公司去服務，一方面也算是為自己兒子的一時失手，向他表達一些彌補之意。

李之楚固然痊癒出院了，可是不少人擔心他傷勢太重大概活不了幾年，沒想到，他不但活得好好的，而且還討了老婆生了孩子。

記得還有一次，我們隨侍老先生去高雄西子灣，孝文喜歡打獵，我就曾經陪他去高雄的壽山要塞的山林裡打獵。他是一個很愛面子的男孩，去打獵沒有什麼獵物回家，似乎很不甘心，我們侍衛還特地到山裡捉了一隻山羌，綁在地上，讓孝文在數步之遙的地方，用獵槍瞄準射擊。然後，他就帶著那隻被他打死的「獵物」，狀甚得意的回到住處，向老先生炫耀一番。

讀中學的時候，因為自己不愛念書，成績考得一塌糊塗，有好幾門紅字。那時成功中學的成績單都是用郵寄直接寄給家長，蔣經國在孝文上成功中學之前，曾經親自交代那時的成功中學校長潘振球，要好好管教孝文。潘振球是蔣經國在贛南時期的部屬，自然不敢違拗蔣經國的指示，可是，孝文畢竟是當時一般人心目中的「皇孫」，即使蔣經國親自交代、就算孝文有不好的地方，也不能說打就打、說罵就罵。

每次孝文知道學校什麼時候寄發成績單回家，就通知我們，要我們先收下來。我們侍衛當時也不清楚信封裡面裝的是什麼東西，但既然孝文命令，我們也不能不聽，誰知道那些信件正是學校寄給蔣經國的孝文在校成績單。潘振球的確對蔣孝文的在校成績十分注意，在他連續注意了幾個月後，發現孝文成績每下愈況，這樣遲早會出問題，於是，他就寫了一封措詞和緩的信，給蔣經國向他報告最近孝文在校的近況，以及最近幾次月考的成績，並且順便問蔣經國有沒有收到學校寄發的成績通知單。可是，這封信寄出去了好幾個月，蔣經國還是一點回音也沒有，這時潘振球覺得事情有些蹊蹺，就直接去找蔣經國，親自向他報告這一連串的事情。

蔣經國聽到這個事情，心裡氣得不得了，回到家來就找孝文追問，孝文知道紙包不住火只好實話實說，蔣經國真是痛心極了，拿起棍子就朝孝文身上猛打，打得孝文是滿屋子跑，蔣方良聽到丈夫在打兒子，心疼不已，立刻出來制止，蔣經國還是拚命打，急得蔣方良眼淚汪汪，一旁拚命拉住蔣經國不准他動手打孝文，蔣經國無奈，只好放下棍子，可是他餘氣未消，命令孝文跪在地上不准起來。跪了一陣子，蔣方良心疼得不得了，又是一陣哭哭啼啼，硬是要蔣經國饒了孝文，讓他站起來。

從這點可以看出蔣經國夫婦在教育子女的態度上，是截然不同的。一個主張用斯巴達的教育方式，而他的母親卻忍不下心來嚴格管教孝文，甚至還和蔣經國唱反調。

或許，這也是孝文不能步上正途的原因之一。

就因為前面我說的推吉普車和代收成績單事件，蔣經國把孝文學壞的過錯全部記在我們侍衛人員身上。殊不知我們侍衛夾在中間，孝文下的命令我們豈有不聽的道理？可是，若是依從他的命令，難免要冒著被蔣經國責罵的命運，有時候我們真是左右為難。

後來，孝文從美國返台，而且已經和徐乃錦女士結婚。可是結了婚的孝文，個性並沒有因此穩定下來，反而染上酗酒的惡習，而且只要他喝了酒就會出些事情。

有次，大概又是為了和太太有點口角爭執，便出去喝酒解悶。那知道他喝醉以後，心中一時情緒不能發洩，就開著官邸的一部美製BUICK汽車，沿著中山北路一路急速奔馳。最後，因為他那晚實在已經爛醉如泥，在神志不清的情況下出了一場車禍，把那輛BUICK車撞得面目全非，連方向盤都給撞歪了，孝文自己也受了輕傷，門牙全部撞斷，滿口鮮血，後來只好全部裝假牙。

還有一次，大概也是和徐乃錦為了一些小事，大吵了一架，然後他就負氣出去喝酒。那晚，他也是爛醉如泥，在中山北路嘉新水泥大樓附近餐廳大鬧一場。別人怎麼勸他也不肯回家，蔣方良發現兒子不在，四處派人出去尋找，終於在嘉新大樓找到他，侍衛人員勸他回家，怎麼勸他還是不聽。

孝文以盛年就因為宿醉導致血糖過低昏迷不醒，後來雖然急救甦醒過來，可是腦部因而受損，他的一生就這樣毀在酒上，實在令人為之扼腕。在蔣家的嫡子當中，孝文相貌堂堂為人寬厚，如果不是喝酒誤事傷身，應該可以獨當一面、成就不凡，無奈造化弄人，夫復奈何？

孝文昏迷後有一天，蔣經國到醫院去看望臥病中的孝文，蔣經國望著昏迷的孝文，不禁悲從中來，不斷輕聲重複：「ALLEN！爸爸對不起你！」蔣經國的愧疚主要是因為孝文繼承了蔣經國從毛夫人遺傳來的糖尿病，此豈天命哉！

第二節　掌上明珠蔣孝章

蔣氏夫婦的幾個小孩當中，最得蔣經國寵愛的首推蔣孝章。

她生來眉清目秀，十分聰慧，我們侍衛人員尤其對她的平民作風敬重不已，這一點，她的特質和經國先生很像。記得在她就讀北一女的時候，蔣經國曾經要我們侍衛和司機，接送她上下課，可是，孝章硬是不願意有人接送，她喜歡一個人騎著腳踏車，大老遠從長安東路騎到重慶南路的一女中上學。

經國先生不放心讓孝章吃外面的餐食，叫司機老鄔開著小型座車，中午為孝章送飯盒去，孝章站在校門口，對他怒目相視，待他走過去把飯盒交給她，她說：「你們走遠一點好不好？」

我們可以理解她的用意，是不希望被同學視為特權階級。所以，我們以後給她送飯盒知道了她的脾氣，刻意只將飯盒放在學校門房的地方，然後我們就在一個角落等看她拿到飯盒，我們就算完成任務，打道回府。

對待侍衛，蔣孝章從來不會有那種高高在上的感覺。在孝章念中學的時代，我曾經有一次陪她去西門町的大世界電影院看電影，從那一次的接觸，我覺得她是一個相當平民化的人，和我們相處十分有禮貌，她一向堅持不要讓自己有太特殊的感覺，更不願被人視為利用權勢，這一點，我們實在非常崇敬她。如果她願意的話，蔣經國當然會給她先生安插職務，可是她從來沒有做過這類的要求。

孝章的心地非常善良，可是她的個性和脾氣卻相當倔強，所以，蔣經國在家誰都不怕，就怕他的女兒孝章發脾氣。只要是孝章什麼事情不愉快，蔣經國官邸就像籠罩在一片低氣壓當中，蔣經國真是食不知味，非要把孝章逗到笑了，蔣家的低氣壓才算解除。

通常，只要孝章發起脾氣來的時候，蔣經國偶爾會叫好友王叔銘到家裡來，一起把孝章哄到台北的空軍新生社，一塊兒吃頓飯，在輕鬆的氣氛中，讓孝章心情緩和下來，露出笑容，才算雨過天青。

就因為王叔銘將軍經常扮演為經國父女解圍的角色，所以，一度有人盛傳經國先生有意接受王叔銘的兒子，作為孝章的乘龍快婿。可是奈何兩人沒有機緣，儘管是雙方家長有意，奈何機緣未到，難以撮合。

後來，孝章去美國進修深造，卻在此時墜入情網，愛上俞大維將軍的長公子俞揚和。

在孝章赴美之前，蔣經國就想好孝章到美國念書時的一切生活問題，他知道俞大維的兒子在美國，憑他和俞家的交情，對女兒寄住在美國俞家，可以說相當放心。可是，誰知道人算不如天算，青春年少的孝章到了美國俞家不久後，卻愛上了負有照顧之責的俞家大少爺。這位俞家大少爺，比孝章年紀大了一、二十歲，是俞大維的德國太太生的。

孝章和俞揚和談戀愛的消息，傳到台灣之後，在蔣經國官邸引起極大的震撼。等經國先生親自向孝章查證，確實有這件事之後，而且孝章還提出堅持要嫁給俞揚和的時候，蔣經國氣得淚眼直流，半天說不出話來，而孝文三兄弟更是氣憤填膺，直嚷著要去美國找俞揚和算帳。

後來，為了息事寧人，宋美齡親自出面，為此事打圓場，最後總算在兩家各自節制的情況下，讓這件事慢慢平息下來。蔣經國後來也接受了這個事實，對俞揚和也不再心存芥蒂，接納了這位女婿。

和俞揚和結婚後，孝章馬上改變自己的角色，成為一個名副其實的家庭主婦。在結婚之初，孝章忍受各種來自家庭成員的污辱和反對聲浪，也始終沒有任何的反彈和溢於言表的不滿。聽說蔣經國曾經有意為俞揚和安排到華航擔任總經理，可是，孝章始終拒絕她父親的任何人事安排，甚至連台灣都有一段時間不太願意回。

老先生去世的第二年，有一次，孝章抽空回了一次台灣，記得那次蔣經國曾經在慈湖擺了一桌酒席，請孝章夫婦一起吃了一頓飯，後來，她就很少再回來；一九七八年五月二十日，經國先生就職總統的日子，曾經寄了機票給孝章夫婦，可是他們並沒有回台灣。後來，蔣經國第二次就任總統，孝章還是沒有回台灣，官邸人士都在議論這到底是怎麼一回事，很多人都猜測，這八成是因為三兄弟對俞揚和不禮貌的關係。

第三節　爭議不斷的蔣孝武

離開蔣家這段日子以來，我到現在還難以忘懷，一九八七年十二月十三日，也就是蔣經國死前一個月，蔣孝武結束台灣假期向蔣經國拜別的那幕情景。

那時候，種種跡象顯示，經國先生的病情愈來愈惡化。可是，現實逼迫蔣經國做出決定，讓二兒子蔣孝武遠離台灣，而孝武似乎也從醫生那兒，隱約知道蔣經國的病情。所以，那天中午，他在七海官邸吃過中飯之後，到蔣經國房間拜別，然後紅著眼眶走出房間，遇到了我，孝武眼淚不禁奪眶而出，他有些哽咽地說：「以後父親要你們多費心照顧了！」說完，就形容憔悴地步出官邸。不幸的是，一個月後，經國先生即逝世。

談起蔣孝武，外界總會不期然地想起不少政治事件，都和他扯上一些關係，但是，到底真相如何？現在他死無對證，也沒有人再去追究這件事情。

對孝武的印象，早源於孝武三兄弟小的時候。記得是孝武小時候，就聽過老先生講過，這個孝武啊！眼睛經常動不動就眨呀眨的，可見他是一個「計謀多端」、「鬼靈精」的一個小孩，孝勇小時候經常手上的零用錢動不動就給孝武給騙走了。

老先生習慣上會在逢年過節的時候，給一個紅包，給孝字輩的晚輩做鼓勵。有一次，老先生又發紅包了，孝武就跑去跟孝勇說：「阿弟啊！你有錢要多用！」他勸孝勇盡量用錢，而自己卻非常吝惜手上的金錢。有一次，蔣孝武中了一次愛國獎券，有人起鬨要他請客，可是他就是不願拿出一部分錢與大家同樂。

孝武的婚姻，也是蔣家公子當中，非常不順利的一個。

他的太太汪長詩，父親曾是中華民國駐歐外交人員，和孝武是在留學德國期間認識的，後來二人相愛就步入結婚禮堂。可是，卻因為孝武處處要耍個性，而和汪長詩走上仳離命運。

除了二人的倔強以外，他們年紀太輕也是一個重要因素。

記得在慈湖守靈的一個凌晨，忽然接到一通來自七海官邸的電話，說孝武的太太汪長詩要到慈湖來見她的公公蔣經國。大家都很納悶，汪長詩有什麼急事，什麼時候不可以見面，偏偏要在清晨見蔣經國，到底發生了什麼重大事件，一時之間，大家議論紛紛。可是等到汪長詩出現，大夥才知道，原來是汪長詩和蔣孝武鬧彆扭，情況鬧得很僵，所以非找蔣經國出面不可。

慈湖方面知道了大致的情況，在汪小姐沒來慈湖之前，就通知蔣孝勇，叫他前來做調人，希望能夠緩和孝武夫婦的僵局。可是，孝勇調停無效，只有請蔣經國親自出面了，汪長詩還是見到了蔣經國，蔣經國也承諾要負責找孝武，向汪長詩低頭賠不是。可是，孝武豈會如此軟弱，根本就不理會汪長詩到慈湖告狀這碼子事，對父親蔣經國的勸說也是有如耳邊風，根本聽不進去。

因為二人老是見面就吵架，最後只有走上離婚一途。

中國人勸合不勸離，尤其是官邸子女，若想要離婚的話，更是要被老一輩的人視為是離經叛道。蔣汪兩家親戚，當然都希望孝武夫妻的婚姻關係能夠繼續維繫下去，所以莫不想盡了辦法，設法為他們挽回。

在親友的密切安排下，汪長詩準備給蔣孝武表現真誠的機會。於是她在從國外過境台北機場時，蔣家親戚就希望孝武能夠去機場接機，這樣，汪長詩在孝武給面子的情況下，還可以勉為其難地回到孝武的身邊。可是，哪知道孝武對親友的苦心安排，根本不領情，覺得自己是蔣介石第三代，妻子應該向我低頭才對，哪有堂堂男子漢向女人低頭的道理。孝武根本連機場都懶得去，如此一來，汪長詩在機場等不著孝武，憤而離開台灣，從此和蔣孝武分道揚鑣。

人的情緣，就是這樣奇妙，孝武和汪小姐離婚之後，二人反而成了好朋友。汪小姐每年都會固定在寒暑假回台灣，看看她的兒女友松、友蘭。

說起孝武的工作經驗，應該是在他和汪小姐結婚，回台灣後的事。

當年輕的孝武回到台灣時，老先生還在世，當時孝文情況不是太好，所以老先生對孝武的期待也就格外殷切。老先生希望這個留學德國的第二個孫子，能夠為蔣家爭口氣，因而把許多希望都寄託在孝武身上。他一回國，老先生就發布孝武當國民黨中央黨部的專門委員，這個職位和中央黨部的總幹事平行，一般大學畢業的青年，如果參加國民黨的工作人員招考，即使他的能力、學識、人品再好，即使是考上了，也只能從助理幹事做起。可是，老先生並不覺得這有什麼了不起，還說這是要給孝武「磨練磨練」。

去黨部上班，他自己駕駛美製道奇吉普車來回。

後來，他由黨部轉到輔導會經營的華欣文化事業公司，當籌備主任。輔導會主任委員是趙聚鈺，趙主任是蔣經國老部下，對孝武焉有不關照的道理。

江南案，給孝武政治生命相當沉重的打擊，這亦是他出國避風頭的主因；但也有人認為，蔣孝武出國的另一個原因，是為了在國外比較能夠避免外來的一些干擾，讓他過著比較平靜的生活。

的確，孝武自從和汪長詩離異以後，展開了他新生活的第一頁，在這第一頁的扉頁上，他認識了台灣籍的蔡惠媚小姐，這位年輕的台籍女士改變了他的後半生。

認識蔡惠媚之前，孝武私生活頗受外界關注，當然這些關注有相當一部分是帶著一種異樣的眼光在看待他。可是，在他認識了蔡惠媚後，卻奇蹟似的，改變了以往不為家人和外界認同的生活方式，在作為和生活步調上，都慢慢做了微妙的轉變。可見，愛情的力量實在微妙而巨大。

孝武離婚前，蔡惠媚原本是孝武和汪長詩女兒蔣友蘭的英文教師。蔡惠媚生長在台中望族，在經濟上，她根本沒有必要外出賺錢。

孝武為了追求蔡惠媚，據說花了十年的時間，才感動了蔡惠媚本人和蔡家。特別是蔡家本身是台中的大戶人家，根本沒必要去攀蔣家這門親戚。而且，台灣人對蔣家基本上是有著十分歧異的看法，加上孝武過去在政壇上的一些風風雨雨，蔡家自然早有聽聞。所以，女方家長對這門婚事，最早實在並不看好，要不是孝武苦苦追求，感動了蔡惠媚，恐怕這門婚事永遠都不會成功。

蔣經國對孝武的這檔婚事，非常重視，而且這是蔣家頭一次和台灣籍人士結姻親，自然更為重視。何況孝武有離婚紀錄，蔣經國怕孝武再有失足紀錄的話，勢必引起社會更為負面的批評。所以，父子二人為此曾經做了一番深談，當蔣經國明白兒子這次是真心要和蔡小姐在一起後，他才要孝武以蔣經國本人的名義，把蔡惠媚的父母請到七海官邸來，由蔣經國出面在官邸客廳準備茶點，招待了蔡家二老，並且藉著茶敘的時間，由蔣經國、蔣方良二夫婦，親口和蔡家二老把親事定下來。但是為了盡量減少外界干擾，婚禮決定在孝武駐節的新加坡舉行。

孝武在新加坡舉行的婚禮，由於蔣經國是不可能出國的，其他的蔣家親人也不可能前往，所以，蔣經國特地命令蔣孝勇代表全家，到新加坡去參加孝武的婚禮。

從整個人生經歷來看，如果說蔣孝武的性格不是那麼倔強，而且不發生江南命案，他是不可能就此從政壇上銷聲匿迹的，他的個性讓他在政治上的發展，受到了一定程度的侷限。更不幸的，在他結束出使海外生涯之後，卻突然在一次健康檢查中，無故暴卒。他的死不但讓類似江南命案的案子變成懸案，而且也留下了許多的疑點，為後人帶來更大的臆測空間。

蔣孝武死後，蔣家變成一門四寡，這個家族真是多災多難。

第四節　地下總統——官邸人員心目中的蔣孝勇

長安東路時代，我們奉派到蔣經國官邸擔任便衣衛士，上面給我們的任務分配是一個人負責帶蔣孝武，一個人負責帶蔣孝勇。通常，帶孝勇的那個同仁是比較辛苦的，除了他的年齡比較小，不好帶之外，孝勇的調皮搗蛋是一個重要原因。

孝勇小時候，像是一隻頑皮的猴子，不但玩刀玩槍天不怕地不怕，而且特別喜歡爬樹。早上給他穿的是一套新衣裳，下午已經玩得全身是泥，沒有一個地方是乾淨的，更絕的是，孝勇只要出去玩，身上總是到處是傷。而從小，孝武和孝勇每天打打鬧鬧，見面就打架，這二兄弟從小打到大，真是一對小冤家。

所以，負責帶他的同仁，不但要經常注意他的衣著整潔，而且還要保護他的人身安全，不能有一點受傷害的情況，否則誰也擔待不了這個責任。然而偏偏這些小孩既不能打也不能罵，所以，一旦他們調皮起來，任誰也管不了他們，只有任由他們胡鬧。

一直到孝勇讀軍校時，他還是校方心目中最棘手的人物。

在讀軍校時，孝勇最怕的人還是教育班長。如果孝勇在學校偷抽菸，被教育班長當場抓到的話，教育班長是不會理會他是老總統的孫子這樣的身分，照樣給他嚴厲的處罰，硬是叫他連菸帶灰一起吞到肚裡去。可是，他對軍校的校長和高層首長卻不看在眼裡，畢竟，這些人都是他父祖輩的部下，他有恃無恐，學校首長拍他的馬屁猶恐不及，怎麼可能對他有什麼太嚴苛的舉動。

後來，孝勇在一次訓練中，跌傷了腳踝，所以只好辦理退學手續，從軍校退學後，孝勇又插班進入台灣大學就讀。

因為蔣孝勇最懂得討好他的父親蔣經國，在表面上，他也是蔣經國最聽話、最乖的兒子。他不像孝武那樣倔強好勝，也不像孝文那樣孟浪衝動，他是蔣經國的子女中，個性上最像蔣經國的。但是，蔣孝勇背後究竟在做些什麼，蔣經國從來也不清楚真相。

一九七五年，也就是老先生過世以後不久，蔣經國處理國政實在愈來愈繁忙，他自己的身體日漸虛耗。蔣經國意識到，自己的遺傳性糖尿病，雖有專職醫生負責，為他診治，長期下來漸難控制，如果體力再不更有效益地運用，那將無異飲鴆止渴。所以，他開始打算把一部分權力，尤其是私人的權力與工作，交一部份給兒子分憂解勞。

然而，蔣經國幾經考慮，在他三個兒子當中，已經臥病的孝文不用說，孝武個性上比較倔強好強，而且，性情上也不像孝勇那樣內斂、持盈保泰，孝武不懂這一套。所以，如果孝武賦予重任的話，很可能會因為一時急躁，而前功盡棄。

最後，蔣經國還是選擇了蔣孝勇作為他的代言人。當然，他也清楚，以當時台灣的未來走向，台灣沒有充分的客觀環境，繼續走強人政治的道路。所以，他其實很早就有自覺，孝字輩的蔣家後代，是不可能在台灣的政治舞台上有所作為的。可是，蔣經國畢竟是跨越現代與傳統的過渡型的政治人物，他不可能像現代民主國家的政治人物，是「傳賢不傳子」的、是用民主程序決定一切的，他已經習慣了在台灣這塊地方呼風喚雨的感覺，如果有朝一日他失去了現在擁有的一切，他實在無法想像那是一個什麼樣的狀況。

儘管如此，蔣經國還是希望給孝武和孝勇，有更多的機會去比較他們的長處，只有這樣，才能比較客觀地決定誰是真正有資格繼承他法統的兒子。

很多侍衛人員和官邸工作人員，都清楚孝勇的脾氣和個性，他是一個十足的兩面人，甚至有人說他是個笑面虎，人前人後的表現完全不同。

在蔣經國身體狀況急劇轉危的最後幾年時光，蔣孝勇可說是蔣經國最直接的代表。所以有人戲稱他是「地下總統」，就是在經國先生臥病那段時期，別人為他取的綽號。

那時，孝勇每個星期二、五，是他向蔣經國報告各種公私雜務的簡報時間。因為他可以「上達天聽」，所以，很多官場上的人便不得不藉著各種機會逢迎巴結，特別討蔣孝勇的歡心。

第十三章

透視蔣經國內心世界(一)

——政治性格篇

蔣孝文在世的時候，有一句名言，我到現在還記得十分清楚：「我做了什麼錯事，他（指蔣經國）頂多罵一下，可是你們就不一樣了，所謂虎毒不食子！」到底，蔣經國是個怎麼樣的人？這是頗值得人們深入研究的。

第一節　雙重性格

蔣經國性格上，一個明顯的特性，就是他的雙重性格。這一點可以在他的一些往事的個案中，找到蛛絲馬跡。

大陸臨撤退前，蔣經國曾對老先生的警衛總隊第四隊的隊員講過，只要他有一碗稀飯吃，就會讓全體隊員先吃。可是，撤退到台灣以後，因為警衛總隊縮小編制，第四隊因而被遣散掉了，有些隊員就對經國先生至表不滿，認為他食言而肥，不守信用。當然，以當時國家的處境，政府不可能再像過去在大陸時期，容納那樣多的編制人員，可是，就因為蔣經國在上海講過那番話，不少第四隊的隊員對此耿耿於懷，而蔣經國卻事後不加兌現，難免引起被遣散隊員間的尖銳反彈。

在長安東路時，還有一次特殊事件，是讓我們同仁印象深刻的，那就是「戡亂建國總隊」的請願事件。那次的請願事件，讓我們四個守護長安東路官邸的便衣衛士同仁，全部被以處理不當的理由，調職查處。

那次的情況是這樣的，我們在長安東路值班，突然來了一群自稱是勘亂建國總隊的人，起先我們也並不清楚他們來的用意是什麼，我們同仁就走進官邸，向蔣經國報告，說外面有一些人要求見，他問來者是誰？我們就說是誰，他一聽說是戡亂建國總隊的人，就搖搖手示意不見，並且很直截了當地說：「告訴他們說我不在！」我們也不知道當中有什麼玄機，可是主人說不見，我們又豈能再多說什麼話，就走出去向在門口等候的人說：「蔣先生不在，你們走吧！」可是誰曉得這些人不相信，就在門口大吵大鬧起來，有的人在門口大罵，有的人罵得相當難聽，有些簡直不堪入耳。

「哦？不見！過去我們出生入死，現在就不管我們的死活了！」

「避不見面就可以解決問題？不見也要見！他明明說過，他有飯吃，大家都有飯吃的，現在他有飯吃，可是我們沒飯吃啊！」

我們看現場愈吵愈亂了，只好找人來支援，總算在大家輪番勸解下，這些人才心有不甘地離開了蔣公館。

不一會兒，蔣經國把我們叫到他的屋裡，他不分青紅皂白，劈頭就是一頓臭罵：

「你們是怎麼處理的？這麼簡單的事情都處理不好？你們全部給我滾蛋！馬上滾！」在他一陣連珠砲似的痛罵以後，我們當然只有捲鋪蓋滾蛋的份。隔天，我們就被調回原來的便衣組裡，換另外一批人去服侍蔣經國。

除了這次被蔣經國「掃地出門」的經驗，還有一次是在一九七八年，剛進七海不久，蔣經國叫副侍衛長來告訴我們幾個副官，說經國先生要我們回慈湖，七海官邸暫時不需要我們。那時我們以為自己又犯了什麼錯，但也不能去追問啊，只有默默走路回慈湖，不久，蔣經國大概覺得這樣做會引起我們心裡不平，因為我們自省的確沒做錯什麼事，為什麼會叫我們走路呢？他叫他的副侍衛長跑來跟我們講：「總統要我來和你們講，上次並不是你們表現得不好，也不是你們有什麼不對的地方，而是總統一見到你們就不知不覺想起老先生，他於心不忍，所以就請你們回到慈湖，沒有別的意思。」

在副侍衛長來解釋之前，我們二個副官本來是認為，大概是經國先生不希望在七海官邸延續以前士林官邸那一套老制度，而要以一種新的制度取而代之；因為，在我們印象中，曾經聽過蔣經國說，要把士林官邸的一切壞習慣都要統統革除掉，他對老先生時代少數侍衛人員，假借官邸的招牌，在外面招搖撞騙、作威作福，十分厭惡。

可是，他並不清楚，真正做這些事情的人畢竟是少數人。他完全不管這些，反正士林官邸的老人，能夠不用就不用，如此一竿子打翻一條船的作法，當然令人寒心。

還有一個例子，可以說明蔣經國雙重標準。以前，在「八勝園」時期，蔣經國得力幹部姓張氏，這位得力幹部後來蔣經國派他去日本當特派員，張特派員到了日本，不久就迷上了一個日本婆娘，並且有意納為妾。這件事馬上就被張特派員在台灣的元配知道了，立刻跑到蔣經國面前哭訴自己丈夫的忘恩負義，張太太吵了幾次，蔣經國實在受不了，就乾脆把這個張特派員調回台灣，從此被打入冷宮，再也翻不了身。

不論這些事件的是非曲直如何，以我自己來說，在服侍過老先生以後，再到蔣經國身邊工作，兩相比較，蔣經國的確予人一種諱莫如深和高不可測的感覺，官邸工作人員多半懷抱如臨深淵、如履薄冰之感。

在老先生面前，他永遠是把最好的一面，給老先生看，這一點，和他的弟弟蔣緯國截然不同。蔣緯國總是在老先生面前反映一些不好的問題，可是人多半是喜歡聽好話的，尤其是老人家更不願聽一些不愉快的事情。偏偏蔣緯國就是喜歡提一些問題告訴老先生，難怪連老先生都不禁有些懷疑，為什麼蔣緯國老是給他「找麻煩」。因而，老先生對蔣經國自然愈來愈有信心，對蔣緯國反而越來越疏遠。

對外，蔣經國曾經不止一次地對人講，他只有在和人民在一起的時候，才是他感到最高興的時候，這也是他之所以從當上行政院長以後，就在全台灣各地馬不停蹄地到處巡視，卻從來不會喊累的原因。但是，在有些侍從人員心目中，蔣經國這樣的行為其實只是要凸顯他所謂的親民作風。在他回到官邸後，他又反映出一種情緒，渙散的體力使他開始覺得面對民眾，竟是那樣累人，儘管面對人民是一個政治人物確保權力的不二法門。每天周而復始地重複做一件事情，再有耐心的人也會開始厭煩。何況，蔣經國那時糖尿病已經慢慢嚴重，體力真有不勝負荷之感。

他的雙重性格有時也會在我們面前不經意展現出來。例如，我們剛到七海的時候，他對我們的信心還不是很夠，有時候，他在自己臥室接見黨內的重要幹部，看到我們在旁邊，就故意說：「今天天氣很好！」這句話其實就是示意要我們迴避，等我們走開了，他才敢和幹部開始講一些重要的話題。

然而平實地講，蔣經國畢竟不是神，他也有人性化的一面，也有喜怒哀樂，七情六慾，有長處也有短處。

第二節　神秘性格

蔣經國平日永遠是神神秘秘的。

前面我提過的七星山迷路事件，就可以想見他的獨來獨往性格；在此之前，長安東路時代，蔣經國經常是自己一個人帶著司機，開著車子到處跑，也許是他的任務需要，也許是他有另外的原因。他的司機經常抱怨「找」不到他，因為蔣經國如果發現一個人比較方便，就隨時伺機把他的司機給擺脫掉，一個人再搭別人的車子跑到別的地方去，至於到什麼地方去了，沒有人知道。

早年如此，到了晚年時期蔣經國那種神秘兮兮的性格，還是時時流露在生活之中。記得有一次，他在榮總住院，總統車隊還故意在他的座車上安排了一個假人，坐在主位，然後每天夜晚時分，叫車隊開回七海官邸，第二天早上再開回榮總，用這樣的方式企圖去掩人耳目。其實，比較細心的人早就知道蔣經國是躺在醫院裡面，用不著這樣掩耳盜鈴的方式去欺騙人民。

蔣經國深怕自己的病情會影響國內的政局發展，所以早期他對住院是非常排斥的，非不得已，絕不住院。

在榮總看病住院，為了保密起見，蔣經國也都有化名，所謂的化名，其實就是用我們侍衛或是副官人員的名字。

最早，他在榮總驗血，就是用我翁元的名字，後來，又用副官王文浩的名字。有次，我自己要去榮總看病，也需要抽血檢驗，自己的名字給蔣經國「借用」了，我只好用「翁一元」這個名字去驗血。驗血用化名，主要是醫生基於保密的原因，所以才想出用我們副官的名字的點子，當然這和蔣經國本人無關。但是，也算是在蔣經國身邊發生的一段妙事。

第三節　威權性格

一位士林官邸的老長官告訴我：「你若是看到蔣經國脖子發紅，就要小心了，這表示他要『殺人』了！」

當然，蔣經國大概從來沒有親手殺過人，可是他的這個形容，卻具體而微體現了蔣經國性格上的某些特徵。這句話表示，千萬不要得罪蔣經國，否則你有得受的。

總統府有某位科長，平日對外交際很有他的一套辦法，有半年時間，突然不明不白地「失蹤」了，大家沒有人知道他到什麼地方去了。後來，大家才曉得原來他被關在警總保安處，也就是台北西寧南路的一處神秘處所。至於他為什麼被關在保安處，大家都是一頭霧水，最後還是他自己出獄後，向大家隱約透露了一些原因。

這位科長本來是跟著老先生的軍職人員，後來轉到文職工作，他的社交一般認為是比較複雜，平日處理事情又喜歡超越自己的職權，可能因而觸怒了蔣經國。可是他自己卻不自覺，被警總「請」去半年，後來查不到什麼犯罪的證據，無罪開釋。

出獄之後，這位科長再也不敢提起被關的這段往事，後來索性離開公職，到一個民間機構去工作，遠離是非之地。

可見，蔣經國在相當的程度上，還是有很強的威權性格。

表面上，蔣經國時時刻刻一副親民愛民的形象，在外面和人接觸，也一向是笑臉相迎；可是在家裡，他永遠是下人心目中的君王，甚至到晚年，他的侍從醫官為他治病，都受到他的威權心態的影響，必須隨時留心，深恐一時讓他不稱心而遭受調職處分。就以他的眼睛為例，一九八六年六月，他從陸軍官校參加校慶活動回七海寓所，往床上一躺，那知他剛一躺下去，突然覺得左眼眼前一片漆黑，由於糖尿病引起的病變，眼球上方新生小血管破裂，使眼球內水晶體充滿鮮血，而阻礙視線。他大驚失色，高聲叫喊：「我看不見了！我看不見了！」立即緊急通知眼科大夫前來診治。

左眼充血意外，眼科主治大夫遭到撤換，理由是未盡照顧好蔣經國眼睛的職責。

他會這樣處置眼科主治大夫，因為他主觀上覺得醫生應該是萬能的。醫生不是上帝，再專業的醫師也不可能預知蔣經國的眼睛血管什麼時候會破裂。如果不是蔣經國的威權性格作祟，他應該會了解這一點的，他的強勢作風和威權性格，讓他蒙蔽了這方面的理性自覺。

在眼科主治大夫被撤換之前，還有幾位醫師也是被毫無預警地撤換，引起官邸醫生許多猜測。

例如有一位管新陳代謝的醫生，人很好，醫術很高明，是榮總很有名的醫生，就因為這位醫生對蔣經國講話時，比較直率，不會拐彎抹角，一再向蔣經國強調，糖尿病不是光靠吃藥就可以斷根的。可是，蔣經國並不認為如此，在蔣經國的觀念裡面，醫生除了「醫病」之外，還要能夠「醫命」，而且一切還是要和其他的文武百官一樣，要聽從總統的指示辦事。可是他忘記了，醫生是專業人員，是受過專業訓練的知識份子，怎麼可能去當一個只會講好聽話的「政治醫生」呢？

在他的威權性格之下，當然有不少醫生受不了他的脾氣，而蔣經國向來是先發制人，在醫生表現出一絲不悅時，他就先把他給撤換了。

還有一個醫生更是被撤換得莫名其妙。這位周姓大夫，從來沒犯什麼過錯，缺點是嗓門特別大，隨護蔣經國出去的時候，大概是講了幾句話，讓蔣經國聽見了，經國先生心裡不高興，過了不久就把他給撤換了。

可能就是這許多的個案案例，讓人興起了警覺作用。所以他的醫生後來行事說話、甚至開藥處方都格外小心謹慎，因為沒有必要為了一件小事和自己飯碗過不去。所以，蔣經國說什麼就是什麼，他要吃什麼藥就開給他好了，在他面前絕不說個不字。

第四節　鐵面無情

中國人是一個講究情面的民族，然而蔣經國卻在許多方面絲毫不講情面，讓許多人對他含恨不已，這也多多少少透露出他的從政性格。

前行政院人事行政局局長王正誼的「貪污案」，就是一個十分典型的個案。

王正誼是前行政院人事行政局局長，老先生主政時，對王正誼信任有加，大家一般也都將王正誼當作是老先生這個系統的人看待。

後來，老先生臥病，蔣經國想做一些銳意革新的事，就多方整頓。中國人所謂新人行新政，沒有新人似乎新政就無從推動，所以，蔣經國就要大量安插自己的人馬，我想這方面，老先生也相當理解和支持。當時就有一種傳聞，指蔣經國有意讓他的人馬，曾在國防部人事次長室服務的宋達，來接任行政院人事行政局局長之職。這是蔣經國的想法，可是，當時大概王正誼一方面還想繼續在人事行政局的位子上，發揮所長，加上自己錯估形勢，認為還有老先生在背後支持他的施政，所以，並不理會外面的一些風言風語。

不久，爆發了所謂中央國民住宅的舞弊案，被捕的人赫然包括了王正誼，到底王正誼的涉案程度有多深，大概除了情治單位，只有他自己最清楚。

王正誼後來被判刑入獄，被判的是無期徒刑，一直到蔣經國臥病的時候才假釋出獄，後來蔣經國不知道是怎麼打聽出來王正誼出獄了，還曾經問人：「是誰把他放出來的？」當然，以王正誼的脾氣，出來以後逢人還是說：「我是天大的冤枉，根本是被栽贓的！」

對犯錯的人，或是「不聽話」的人鐵面無情，對一些所謂的親朋故舊，有事情去向他求情關說，蔣經國還是從不懂得什麼「網開一面」。

大陸時期，老先生首任侍衛長王世和，對老先生的忠心可以說是死心塌地。在一九四九年，老先生一家撤退溪口的時候，王將軍當時早已退休在溪口養老，在此之前，特別是抗戰時期，王將軍追隨老先生寸步不離，老先生到那裡，他就跟到那裡。以前，老先生既不叫他的名字，也不叫他的職銜，就叫他「衛兵頭」，為老先生的安全工作，王將軍付出了大半生的精力。

大陸臨撤退的時候，王將軍扶老攜幼、變賣家產，然後跟隨政府跑到台灣來。可是，王將軍身無長技，在台灣又是人生地不熟，眼看就要坐吃山空，沒有辦法，就想到去找老先生幫忙。可是，他想老先生成天忙於國是，那有時間去處理他的私事，就去長安東路找蔣經國幫忙，他當然是希望蔣經國能給他介紹一份工作，解決生活問題。

初到台灣，為找工作去麻煩蔣經國的人，絡繹不絕，但他們多數不知道蔣經國不輕易替別人開八行書。王世和登門拜訪，蔣經國礙於情面，表面敷衍答應幫忙他安排事情，可是事後即石沉大海，沒了下文。王將軍碰了幾次釘子，心中著實氣憤不過，認為自己為了追隨老先生，最後連家產都變賣了跟到台灣來，怎想到蔣經國連個起碼的職務都不安插一個，太不仗義了，氣得從此不再來往。

王永澍從安全局下來以後，一直沒有佔到一個比較有實權的職缺，他太太和蔣方良關係一向不錯，而且經常一起打高爾夫球，有空還時常在一塊兒聊天聚會。她想，先生職務之事請蔣方良去和蔣經國講講情，應該沒有什麼問題吧。

於是，王太太就直接去找蔣方良，蔣方良乍聽之下，應該是小事一樁，不妨做個舉手之勞的順水人情，蔣方良一口答應下來。等蔣經國下班回寓所，趁吃晚飯的時候，跟蔣經國提起此事，蔣經國不等她話講完便說：「妳不要管這個事！」一方面，他不願意蔣方良插手公事，另方面也等於拒絕了王永澍太太的說項。

對故舊的態度是如此，對親戚的態度其實也是一樣。

老先生生前的最後一任秘書就是蔣經國侄子，他的父親與經國先生是堂兄弟關係，孝文他們兄弟都稱這位長輩伯伯，是官邸老一輩的侍衛，官拜少將高參退役。這位孝字輩的侄兒在老先生去世後，無所事事，他的母親蔣太太就以堂嫂的身分，去找蔣經國，想請他為兒子幫幫忙，能夠安排一個適當的職位，好歹蔣先生也是老先生的秘書，論學問、論人品，自忖應該都沒有什麼問題。哪知這些全是蔣太太一廂情願的想法，蔣經國根本不理會蔣太太那一套，就直截了當地回絕說：「你叫他參加公務人員考試啊！」

蔣太太所以會去找他，主要的因素也是以為蔣經國對自己人說不定會比較照顧，誰曉得他還是鐵面無情，說不幫忙就是不幫忙。

老先生在世的時候，對他們很關照，給他一個相當於侍衛室內衛組主任的位子，後來，因為蔣經國不肯幫忙，這位孝字輩的侄兒只好在士林官邸等退休。

蔣經國從來不曾為了親朋故舊的私事，以公家的名義下條子做什麼指示，唯一的一次例外，就是為了陳立夫。

記得陳立夫先生回國，蔣經國知道他進出沒有車子，十分不便，蔣經國馬上下了一張條子給士林官邸車隊，要他們撥一部凱迪拉克五人座的汽車給陳立夫。這是我所知道的蔣經國唯一的一次為了故舊的私事，下條子叫下屬辦，這算是例外中的例外。

第五節　廉潔不阿

台灣當今日趨腐化貪婪的社會，對照蔣經國在世時期的廉潔作風，不得不讓人興起一股懷念和景慕之心。

在七海時代，行政院或是總統府都會派專員，每個月固定時候把他的月俸、眷糧等等一些生活日用品和經費，送到官邸給蔣方良簽收。然而大家都知道，中國人逢年過節都有送禮的習慣，在他主政時期，他一再強調，要革除送禮浪費的惡習，所以，他是極力反對公務人員或是民間送禮的。

可是，在現時社會當中，送禮好像早已是一種約定俗成，無法徹底革除。蔣經國不能禁絕別人送禮，他卻做到了自己不收受任何禮品與饋贈的基本原則。

他的辦公室收到了任何的禮品，諸如外國朋友送的高貴禮物、金門酒廠固定送給總統或行政院長的高級金門高粱酒，全部都在年終舉辦一個全體員工摸彩大會，把所有的禮品提供全體同仁摸彩同樂。記得有一年，有一位憲兵同志抽到大獎，是一只勞力士金錶，那位同志抽到獎簡直高興得不得了，可是，蔣經國自己到死為止，手上都還是戴著一只普通的石英錶。

一絲不苟，是蔣經國從贛南當專員以來，就養成的一種習慣，這方面是任何人都不容置疑的。

第六節　綜論

從整體來看經國先生的政治性格，我覺得他之所以和老先生在性格上截然不同，是因為他獨特的成長背景因素，這些是不容忽視的，到底有那些個背景因素呢？

第一，蔣經國早年在蘇聯艱困的生活經驗：

我們要知道，他早年在蘇聯，特別是在二次大戰正式爆發前，中俄關係並不好的那個階段，為了蔣經國的家世背景，他備受蘇聯共黨的迫害，生活非常艱苦；在那樣的艱苦環境中求生存，當然要有一套生存哲學，這套生存哲學的養成，對他後來的人格發展，乃至生活方式，都造成了深遠的影響。

第二，蔣經國早年曾經是俄國共產黨黨員：

共產黨講的是唯物主義，在思維方式上，講究的是唯物辯證法，他的意識形態是不是受到這套辯證法則的制約？這是一個非常值得推敲的問題，當然，在共產黨的生活環境裡面，要懂得利用階級鬥爭和階級矛盾，在夾縫中求生存。

第三，老先生的刻意培植：

最早，老先生會答應讓蔣經國這個兒子去遠方的蘇聯，除了政治上的考慮之外，當然最大的原因也是為了培植蔣經國，將來能夠獨當一面，繼承衣缽。後來既然回來了，當然更要好好栽培一番，要不是撤退到台灣來，憑蔣經國在國民黨黨政軍內部的資歷，要想那麼快就竄升，簡直就是天方夜譚。大陸政權易手，無異也是蔣經國得以更快繼承大統的契機。

在蔣經國繼承法統之前，老先生當然給了蔣經國最好的一些學習機會，讓他懂得去操作國民黨的黨政軍這部大機器，並且了解在操作過程中的一些訣竅和技巧，讓他能夠更得心應手的去掌控這個國家政權。

由於，老先生在釋放他的權力之初，是先把國民黨最核心關鍵的情治系統，交給蔣經國，他在情治系統這個圈子裡浸淫那麼久的時間，當然在個性和作風上，多多少少受到浸淫感染。

綜上而言，他的雙重性格、神秘性格、翻臉無情、威權性格……等等，以現在的眼光去看，固然顯得有些格格下入，可是畢竟當時的時空背景不同，他年輕時代乃至他的家庭背景，也和外人不同，特殊的主客觀條件，特殊的個人際遇，塑造出特殊的性格。

第十四章

透視蔣經國內心世界（二）

——生活與親情篇

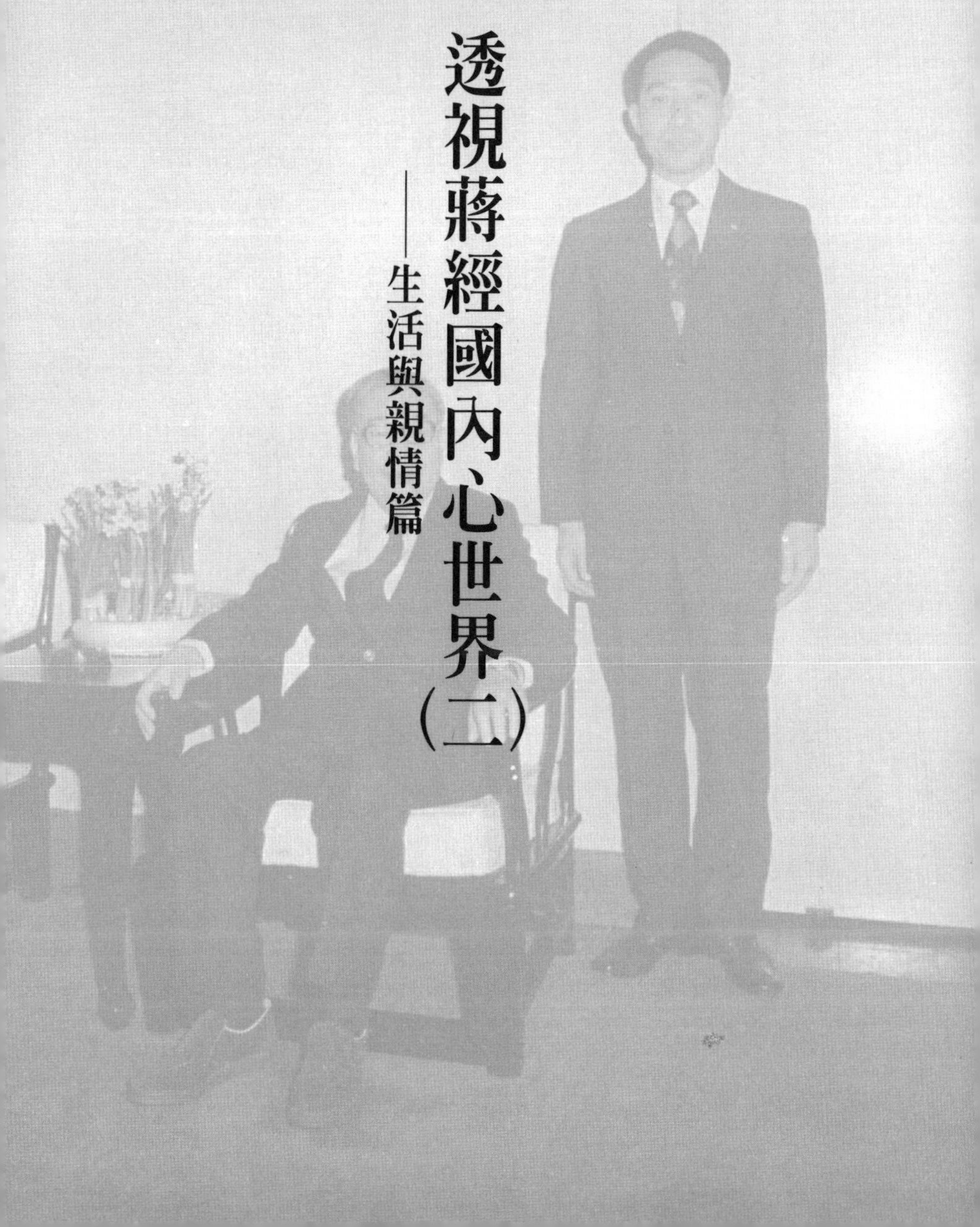

第一節　節儉自持的生活

不論是和老先生相比，乃或是和後來的李登輝相較，蔣經國的日常生活都夠得上是平民化的。我們可以從他的日常生活點滴來驗證是否屬實。在吃的方面，蔣經國從一早起床，吃的三餐和一般平民毫無二致，有時候恐怕比平民還要節儉。

他基本上在身體還好的時候，起床很早，一起來，就打開廚房的門，向內叫喚老管家阿寶姊：「阿寶！預備早餐！」阿寶於是立刻為他準備早餐，這時，門口的侍衛人員也知道蔣經國起來了，便立刻騎著摩托車，到官邸外面路口去買報紙。

七海向來沒有訂報紙，所以蔣經國愛看的報紙，全部是早上由侍衛人員到官邸外面的店鋪，為他趕早買來，然後在阿寶姊的早飯端到餐桌上之前，就把買來的報紙放到餐桌上，讓蔣經國能夠一面等早飯上桌，一面瀏覽一下報紙上的重要新聞。

他經常看的幾份報紙包括：《中央日報》、《中國時報》、《聯合報》，晚報在早期則以《民族晚報》為主。

後來他的身體差了，我們把他要看的報紙固定放在他的臥室，讓他一醒來就可以看見。

早上，蔣經國習慣吃簡單的東西，通常是一杯咖啡，二片吐司麵包，外加二個他最喜愛的荷包蛋，有時有食興的話，偶爾還會吃一點水果之類的，這就是他的早餐。

他的生活完全不像他的父親蔣介石那樣講究精緻，也不像老先生那樣要求凡事要能盡善盡美，講究品質。

因而，在最早的時候，蔣經國進餐時，旁邊是沒有任何的服務人員為他服侍的，他非常討厭人家把他當作是大人物來伺候。所以，我剛到七海時，蔣經國的餐桌上，備有毛巾盤，內放毛巾一塊，是給他進食後，擦嘴巴和雙手的。吃完飯，抹抹嘴巴，就按鈴叫司機把車子開到門口，然後一聲不響地揚長而去。

我們這些對服侍老先生有豐富經驗的副官人員去了七海以後，知道經國先生是一個平民作風的人，還不習慣別人照料。但是，既然我們的職務是副官，當然要盡我們的責任；我們便以士林官邸的服務標準，為七海規畫一套為蔣經國夫婦服務的模式出來，讓他的生活能夠盡量在一定範圍內，很快有一個方便而舒適的生活環境。

例如，我們也和士林官邸一樣準備了餐車，只要蔣經國喊要開飯時，我們就以餐車推著他們夫婦的餐食，到他們的面前。然後在他們身邊隨時聽候吩咐，要添飯就添飯，要拿什麼就拿什麼，這就是典型的茶來伸手、飯來張口。剛開始，蔣經國確實相當不習慣，可是日子一久，蔣經國就無法離開我們，對我們產生了相當程度的依賴。

於是，蔣經國原本最不喜歡的士林官邸那套的服侍方式，便原封不動地照搬到七海官邸，而且成為蔣經國晚年生活不可或缺的一部分。

可是，儘管如此，七海官邸的節省，恐怕是任何一個第一家庭所無法比擬的。譬如，從一九八一年初，七海官邸每天的菜錢大概就維持在八、九百元的標準，即使到現在蔣經國已經去世多年，七海的每日菜錢仍舊是不超過千元台幣。蔣經國家庭開銷的節省，遠非老先生或是李登輝家族所能比擬。

就以老先生在的時代來說，士林官邸一個月的開支據說就要十萬元台幣以上。換言之，光是一天的開銷就要花近好幾千元，士林官邸一天的花費，大約夠七海官邸好多天的花用。

強人就怕病來磨，蔣經國的糖尿病，讓他連原來最起碼的口味享受，都受到了剝奪。

糖尿病日益嚴重以後，醫生交代不得給他食用含糖或鹽的食物，日常的吃食，也不准放太多鹽或糖，這一點確實難為了官邸的燒菜大師傅。

試想，做菜不放鹽或糖怎能讓人下嚥，他實在不想吃那種淡而無味的菜肴時，就要求廚房給他弄個水破蛋或是荷包蛋吃。

有時候，他吃膩了官邸的早餐，頭一天晚上他會交代下面：明天早上給我去永和買一份燒餅油條回來！我們就知道，他又食指大動，想吃吃久違的永和燒餅油條了。從這裡可以證明，蔣經國在生活方面，和一般老百姓是沒有什麼差別的。

侍衛人員為他不辭勞苦到永和去買燒餅油條，買了回來後，阿寶姊怕燒餅油條冷了不好吃，就幫他把燒餅放到烤箱裡熱一下，等蔣經國起來了就給他端上桌。可是，沒想到他拿起二次回鍋的燒餅，吃了一口說：「奇怪！怎麼沒有店裡賣的好吃？」這個道理很簡單，試想，即使再好吃的燒餅油條，放在烤箱裡再熱過一次，當然沒有坐在店裡吃的現出爐的燒餅油條好吃！在我還未到七海服勤以前，有一次在慈湖守靈，蔣經國肚子餓了，就叫廚師給他炒了一盤乾乾的蛋炒飯，加一碗紫菜湯，就這樣當他的正餐填肚子。這樣的簡單儉樸，和老先生那樣重視飲食，簡直不可同日而語。

在宴請賓客方面，蔣經國家裡對這方面更是沒有什麼講究。印象中，我在蔣經國家工作多年，只有幾次是稱得上比較隆重的宴客場合。

一次是蔣緯國的兒子孝剛結婚，蔣經國為了給侄子和侄媳慶賀一番，特地在七海官邸以正式全套西餐招待，還請圓山飯店西餐部大師傅到官邸來外燴。再來就是經國先生夫婦在一九八四年，結婚五十周年紀念，也在家裡擺了二桌酒席，宴請親朋好友到官邸歡聚一堂，大概除了這少數幾次宴會場合之外，再也很少聽說蔣經國夫婦請客吃飯的。

他們家人或是蔣家第三代有人過生日，頂多是中午除了正常的菜色之外，再加個長壽麵——例如酸菜肉絲麵、大滷麵之類的，這樣就算是慶生了，可以說非常簡單，絕對沒有一般富家豪門的慶生排場，這是官邸服務人員都有目共睹的。

蔣經國的勤儉自持，可以從穿衣得到另一個印證。他穿的衣服，有很大一部分是他的女兒孝章，從美國買了之後，再郵寄回來給他的。只要有新的衣服來了，我們就把他的舊衣服換下，最早，他喜歡穿青年裝，或是便服，都由辦公室的人到台北中華路去訂做，西裝褲也是由辦公室的人，量好他的尺寸，而後到外面幫他選購。

在衣著上，蔣經國是從不作任何講究的，他的西裝大概穿來穿去就是那麼幾套，領帶也是如此。基本上，他和他父親有一個共同點，就是都喜歡穿用舊的衣物；和他父親不同之處，是他更不計較衣服的品質，只要實用就可以了。

就以他的生日來說，可以說是他一年到頭衣著最整齊的一天，他會叫我們副官拿出他的紅毛衣、紅領帶，外面穿的還是一套舊的西裝。可是，這對他來講已經是衣著上莫大的鋪張了。在接見外賓，例如像接受外國使節呈遞國書的日子，他的穿著會比平日稍稍講究一些。外面那件深色西裝的左方口袋上，還要我們為他放一塊折疊呈三角形的手絹，這是他最「隆重」的盛裝。

衣食如此，遑論其他。

第二節　最貧乏的休閒生活

蔣經國也沒有像他父親那樣的日常休閒活動。所以，整體來說，蔣經國的家居生活，可以說是相當單調缺乏變化。

因為他沒有任何的休閒活動，他也不做任何運動，因而，到外地去視察，就成了他日常生活中，唯一稱得上「不是運動的運動」。

我到七海雖然是一九七八年的事情，但是，那時的蔣經國他的身體已經出現了明顯退化的現象。我想，一個最主要的原因，就是他的糖尿病讓他的體力大量虛耗，有糖尿病的人通常身體非常容易疲勞，動不動就想睡覺，我想這大概也是蔣經國所以沒有什麼消遣休閒活動的基本原因。

他平日的公務已經壓得他喘不過氣來，他哪還有體力去做什麼休閒娛樂？

所以，蔣經國在七海最常待的地方就是床上，他可以躺在床上一整天不下來，他幾乎是下班回來就換掉外出的衣服、穿上睡衣，然後躺在床上休息，頂多看看電視新聞，算是他的餘興節目。

但是，儘管他平日的公務再怎麼繁忙，他從不把公事帶回官邸。所以，我待在七海官邸照顧蔣經國先生的日常生活，卻從來沒見過他在官邸動筆處理過什麼公事，他是相當堅持在家不談公務的人。也從來沒見他在官邸看過什麼書，因為，他在官邸的時間，覺得最舒服的時候就是在床上躺著。糖尿病這種慢性病讓他耗費太多體力，所以他不得不拚命找機會休息。

在禮拜天，他偶爾會找三位秘書長，也就是總統府秘書長、國安會秘書長、中央黨部秘書長三個人，到官邸向他報告一些比較特殊的事情，前總統嚴家淦在自己病倒前，也曾經於禮拜天來過官邸幾次。

像宋時選、宋楚瑜、郝柏村、汪道淵、蔣彥士、李煥、沈昌煥等人，都是經常來官邸向他報告公務的人。但是，他們來官邸無非是因有很重要的事情，否則經國先生是不會叫他們來的。

此外，秦孝儀也是來七海來得比較勤快的一個，他來官邸不外是為了有老夫人宋美齡從美國來了函電，才會到官邸向蔣經國報告。

第三節　夫妻至情

蔣經國和蔣方良之間，原本就是患難與共的夫妻。

但是，在一個政治家庭裡面，難免有許多人認為這樣的夫妻生活，其實有什麼情分可言？然而，在七海一次偶然之間的親眼目睹，卻讓我對這對患難夫妻，有了新的評價。

記得是在一個傍晚，夜色漸漸低垂，我照例在經國先生房間旁邊值班，偶然的情況下，見到蔣經國走進他的妻子房間。蔣經國走到蔣方良身旁，雙手握住妻子的雙手，兩個人對視良久，然後，蔣經國一語不發地走出房間。

這樣的情況，我陸續見了幾次，後來才知道是二夫妻給對方打氣，鼓舞對方、安慰對方。

人在生病的時候特別需要心靈上的慰藉，如果，有家人給他心靈上的安慰，再重的病也會比較舒服一些。

一九八四年，是經國先生夫婦結婚五十周年紀念。往年，結婚周年紀念大概都沒有什麼慶祝活動，這次五十周年，蔣經國夫婦非常重視，邀請了至親好友到官邸吃飯，記得當天的客人包括王叔銘夫婦、毛瀛初夫婦、孫義宣夫婦等人，一共請了二桌。類似這樣的隆重宴會，在蔣經國官邸還是真的很少見，可見蔣經國對結婚周年的重視程度，藉著這樣的慶祝方式，蔣經國也算是表達對蔣方良一生辛勞的感激之意。

還有一次，我親眼目睹蔣經國對蔣方良柔情令人感動的一幕。

那是一九八八年的元月六日，蔣方良因為氣喘病發作，醫生勸她應該立刻住院，以免不易控制病情，可是任憑醫生怎麼說，蔣方良說不去就是不去，後來蔣經國親自去勸蔣方良，他說：「方！你一定要去住院，如果你不想去，我可以陪你去，我可以住在你的隔壁房間，好不好？」經過蔣經國的苦勸，蔣方良才總算去住院接受治療。

後來蔣經國真的還陪她去榮總住了幾晚，那時距離蔣經國去世，大概只有幾天的時間。

第四節　子女星散

從家族極盛，到子女星散，蔣經國夫婦的心情鬱結是可想而知的。

在蔣經國原本的想法裡，他是希望把棒子交給一個比較成材的兒子身上。可是，經過時間和主客觀環境的不斷考驗，他發現這些子女當中，不是經不起外面花花世界的誘惑，就是不具備才能，無法挑起家族的重擔。

以孝文來說，他本質是一個非常寬厚的人，可是就因為交友不慎，加上早期婚姻生活不很圓融，和徐乃錦之間有些誤會。他又喜喝酒、借酒澆愁，終日自我麻醉，最後終於走上臥病不起的末路，成了終年無法正式工作的帶病之身。

以孝武而言，因為介入國內政壇和情治系統太深，加上一九八四年發生的江南命案，導致外界對他有極大的誤會，認為他是唆使行兇的幕後主使人。最後，壓力從四面八方接踵而至，蔣經國在無法承受的情況下，終於只好讓孝武遠離暴風中心，走上出使新加坡的「放逐之路」。

孝章這個蔣經國夫婦自幼就視之為掌上明珠的女兒，卻又因為婚姻不令蔣經國滿意，一度對她傷心失望。而且孝章兄弟對她的丈夫有幾次不禮貌的言行，所以導致她視回台灣為畏途，即使回台也是來去匆匆，幾天就走，親情冷暖，天各一方，蔣經國又焉能快樂得起來。

唯一能經常在他身邊的，只剩下孝勇一個人，他也近水樓台，成為蔣經國晚年最信任的親人，外界因此稱孝勇為「地下總統」。

晚年時期，蔣經國對子女已經不可能再像往日那樣，趴在地上給他們當馬來騎，所以，往日的天倫之樂，只有從孫兒的身上去找尋。

在孫兒輩當中，惟一最讓蔣經國疼愛的就是孫女蔣友梅。

早年，友梅還在童年階段時，那時蔣經國和孝文夫婦尚住在長安東路十八號，蔣經國每天回到家來，第一句話必定是說：「友梅！GRANDPA回來囉！」然後進屋抱起友梅又親又吻。大家也都曉得，友梅是蔣經國除了孝章之外，家中最受疼愛的小孩，一個是他的女兒，一個是他的孫女。而孝章的婚姻又讓蔣經國一度椎心刺骨，痛心之餘，他就把全副愛心全部寄託在友梅身上。

後來，蔣友梅長大了，蔣家把她送到美國求學，蔣經國最初當然很不捨得，最後想到兒孫大了本來就是要一個一個離開的，才滿心不情願的讓友梅負笈國外。

在國外念書的時期，友梅經常抽空寫信給最疼愛她的GRANDPA蔣經國。每次來信，蔣方良總是高興得不得了，拿著信就跑去給蔣經國看。

後來，蔣友梅又從美國轉到英國去讀書。那時，蔣經國已經臥病床榻，蔣友梅還是經常寫信回台灣，蔣方良接到信，還是像從前一樣，興匆匆地拿到蔣經國的床榻前，至於回信，大概每次都是請趙聚鈺太太代勞。

記得有一次，蔣友梅寒假抽空回台灣來看她的「阿爺」蔣經國，蔣經國真是精神為之一振，病情好像好了一半。有一次，蔣友梅膩在蔣經國的懷裡，爺孫倆真是情深無限，這時，蔣經國忽然開口說：「友梅啊！你不要去念書了好不好？在台灣陪GRANDPA好嗎？」蔣經國說完，蔣友梅在他的懷裡撒嬌說：「不行啦！我還要去英國念研究所哩！」

病榻前，蔣經國和友梅一聊天總是聊個沒完沒了，可是年輕人畢竟海闊天空，她終究還是有自己的想法，不會了解祖父的真正心意，也不會明白蔣經國的內心世界是如此寂寥難耐，渴望有晚輩在身邊作陪。

短暫的相聚，終歸有結束的時候，漫長的寂靜暗夜，才剛剛開始，和兒孫短暫歡聚之後，蔣經國終究回到完全孤寂的世界，等待最後時刻的到來。

| 第十五章 |

難忘的七海印象

許多人，特別是平民百姓，大概一提到總統官邸總會把它想成是豪門巨宅、庭院深深。在我還沒有去七海之前，我也以為七海是個深不見底的侯門，可是，等到百聞不如一見，才發現蔣經國還是不改過去的節儉作風。而能夠讓他維持節儉家風的，當然是一群在這個小型宅邸，奉獻終生，從不要求回報的可敬長者，他們的風範將永遠流傳在蔣家，及至中華民國的青史上。

第一節　重現七海官邸

和老先生的士林官邸相較，七海官邸簡直就是一個平民化到極點的官舍。它的特色是：士林官邸中有的，它幾乎都沒有。

以面積來說，七海的占地大概是士林的十分之一，建築面積更是不成比例，它位在台北大直，也就是海軍總部和忠烈祠的中間，群山環繞，林木蓊鬱，令人有一種遠離塵囂、遺世而獨立的蒼茫之感。

因為正如前面敘述的，七海原先是為美國太平洋司令史鄧普上將，建築的一處度假別墅，所以，在建築的生活功能上，並不是很適合家居。這處原先被稱為「七海新村」的官邸，在蔣經國搬進去之後，曾經略事整建和擴大，但基本的形式仍舊未變，大致上仍然維持原有的「L」形建築格式。

在人力配置上，七海和士林最大的不同，是沒有了內務科的編制。一個官邸沒有內務科的人員編制，偌大的官邸和無比繁複的工作要如何做好？這就是一個十分艱鉅的任務了。

蔣經國不在七海設置內務科的主因，是因為他認為老夫人宋美齡還在，把內務科留給她用。如果蔣經國自己官邸有什麼需要的話，從不在士林調用人力或物力，而由其他單位支援。

儘管七海在表面上，資源不及士林來得源源不絕，可是，它畢竟還是總統官邸，在節骨眼上，只要蔣經國覺得有必要，士林的資源也可以拿來彈性運用的。就像士林車隊和汽車修護單位，就有義務為七海的公務車輛修理保養。因而，七海沒有必要再設置一個獨立的汽車修護部門，浪費人力和物料。

令人不敢置信的，在七海官邸，蔣方良和總管阿寶姊的共同默契是，每天菜錢絕對控制在新台幣一千元的範圍內，如果有超出預算的情況，蔣方良必定要親自查帳。

七海官邸的建築本身不但已經早有陳舊的跡象，內部的一些裝潢，都還是保有原來蔣經國剛剛搬來時的原樣，毫無更新。在我們下人吃飯的餐廳，還放著一台第一代的大同老冰箱，已經有二三十年了，可是官邸還是捨不得丟棄。廚房的廚具，從蔣經國一家搬進去二十幾年，從來不曾更新什麼設備，從這些點點滴滴，都可以看出七海的節儉傳統。

第二節　總管阿寶姊素描

阿寶姊，浙江省定海縣人，今年已年逾八旬，她可以說是七海官邸內務工作的靈魂人物，如果不是她的苦心經營，不但蔣經國一家的生活步調會大亂，恐怕整個七海也會喪失了方寸，不可收拾。我這樣的評述，應該是絕不誇大的。

她原先是立法委員王新衡家的傭人，一九五一年王新衡從香港把她帶來台灣，把阿寶姊介紹給了蔣經國夫婦，幾十年來，蔣經國一家對阿寶姊的倚重，可以說是到了無以復加的地步。日後，蔣方良和阿寶姊相依為命，沒有阿寶姊，七海官邸不會這樣有條不紊，當年的蔣經國也不可能無憂無慮，爾後的蔣方良也不會如此順心安度晚年。

從蔣經國時代，凡是官邸的大小雜務，阿寶姊一定是事必躬親，蔣經國夫婦用的、吃的、穿的，任何物品的採買，她都要親自參與，從不假手他人。她經常掛在嘴邊的是，「我拿了這份薪水，就要付出勞力！」

有一次，阿寶姊要辭退一個侍衛人員，結果，蔣孝勇不同意，和她的意見相持不下。阿寶姊非常生氣，覺得在官邸內不受尊重，就要向蔣經國夫婦辭職，她是蔣方良相依為命的老伴，蔣方良當然不准她辭。可是，阿寶姊很堅持，蔣方良也很堅持，阿寶姊就說：「既然要我留下，我只有一個條件，那就是除非先生出面留我，不然我立刻走！」蔣方良知道她的個性，她既然只要求蔣經國出面慰留她，就表示還有留下她的可能性，當然立刻請出蔣經國，親自向她賠不是，才把阿寶姊留下。

並不是阿寶姊頑固或是她耍大牌，而是她一向對蔣經國一家忠心耿耿，她若是受到蔣家家人的誤解或是委屈，當然只有從蔣經國夫婦身上討回公道了。

阿寶姊持家一向主張能省則省、能用則用，七海官邸所以有那麼多的舊家具、家電，主要是阿寶姊捨不得丟棄的關係。

有一回，阿寶姊用來榨果汁的一部舊式果汁機，就是在使用時，被經過廚房的蔣孝勇看見了。孝勇覺得榨果汁當然要用新的機器，榨的汁比較衛生，一看官邸廚房竟然還在用那種陳年老果汁機，一氣之下，當場就把那台舊機器整個砸碎在地上。

還有一次，蔣孝武問阿寶姊，為什麼冰箱裡有那麼多的新鮮水果都不吃，偏偏拿一些快要爛掉的水果給家人吃？阿寶姊十分嚴肅地表示，壞的水果也是用錢買的，她替先生服務，當然要克盡本分，不能浪費！這就是阿寶姊的執著精神。

一年三百六十五天，阿寶姊從來不曾離開過七海官邸。在台灣，她只有一個女兒。她曾經表示，她其實衣食無虞，不愁生活，她所以還要留在七海官邸，原因就是因為要報恩。

一直到蔣經國死後，阿寶姊還是一本初衷，繼續在七海陪伴蔣方良，在悽冷的七海新村，成為蔣方良唯一的伴侶。

第三節　護士陳小姐

陳小姐，台灣人，是孝文女兒友梅出生的時候，由中興醫院調來的一位護士小姐，主要希望請她一起來照顧小孩，沒想到，陳小姐在蔣經國家待久了之後，蔣方良對她有了深厚的情感，所以便繼續留下來直到蔣經國死後，陳小姐都還留在七海好一陣子。

以蔣方良成天關在家裡，足不出戶的個性，當然希望有個人在家裡和她作伴。兒女多半有自己的工作要忙，陳小姐既然是護士，自然可以作她的伴。

陳小姐到蔣經國家服務，轉眼已經三十餘年，連當年由陳小姐一手帶大的友梅，如今也已三十幾歲的人，所以，就可以知道蔣方良對她的依賴。

特別是蔣經國不在及死後的日子，陳小姐每天和蔣方良作伴，二人雖然不見得一定有什麼共同有趣的話題，但畢竟給了蔣方良一段十分溫馨的回憶。

現在，陳小姐已經退休回家，蔣方良的生活自然更為悽寂。

第四節　廚師楊煥金

大師傅楊煥金，是長安東路時代就進入蔣經國官邸的老人，他最早是蔣介石早年座機駕駛衣復恩將軍介紹來的廚師。到台灣以後，衣復恩是國民黨當局和美國中央情報局合作，以U2偵察機，飛臨大陸上空蒐集情報的計畫主導者之一。楊煥金來到官邸之後，蔣經國對他燒的上海菜，讚不絕口，沒有他燒的菜，他便食不甘味。蔣經國的醫療小組強力介入之下，不准廚師用太多的糖、鹽調味品，任何精於廚藝的大師傅，也不可能燒出美味可口的菜肴。所以，蔣經國曾有一段時間，對控制調味品的食物，深惡痛絕。

我記得，有次和楊煥金開玩笑：「菜裡沒有味道，怎麼不多加點糖和鹽！」他也知道我是在和他開玩笑，就說：「你不要害我，我的腦袋還要呢！」可是，在蔣經國臥病的那段時間，連廚房都緊張萬分，深怕萬一稍有逾越，就會動輒得咎。

蔣經國生前死後，楊煥金始終對蔣家是忠心不改其志。後來我離開官邸退休以後，楊師傅還是每天到官邸工作半天，燒飯給蔣方良吃，一個月的薪水是二萬元台幣，和一般大飯店的廚房待遇，簡直少得不成比例。可見，楊煥金總是不改其樂，每次見到他還是一樣敬業忠心，毫無怨尤。

第五節　官邸的待客之道

在蔣方良和阿寶姊的主持下，七海官邸即使對待客人，還是保有那種節儉的風格，甚至有時是依來客的等級，來區分如何招待的標準。

按照七海不成文的規矩，招待客人可以區分為三個等級。最高級的待客之道，是由七海的廚房準備有咖啡、點心，如果客人是下午來的，按官邸的作息規矩，下午照例是要派人去買蛋糕之類的點心。通常，蔣方良是交代只買二份，如果有頭等客人才「破例」買蛋糕，請客人享用。

蔣經國晚年，為了體念醫生為蔣經國治病的辛勞，蔣經國夫婦要阿寶姊特意為值班的醫生買一份蛋糕，聊表心意。

像趙聚鈺的夫人來七海的時候，通常就是以最好的茶點招待。

第二種的招待方式，是一杯紅茶。像毛瀛初太太、孫義宣太太來官邸時，阿寶姊都是這樣的簡單招待法，通常比較熟悉的熟人，較常用這樣的招待模式。

第三種招待方式，大概只有一杯白開水，如此而已。在七海官邸如果想要讓蔣家請一餐飯吃，一般的客人還享受不到類似的待遇，由此可見蔣經國為官的清廉自持。這在一個比較傾向集權的國家，有這樣廉潔自持的政治領袖，對人民來說，可以說是何其有幸。

然而對一般的政治人物來說，又是什麼樣的一幕景象呢？他們又是如何看待蔣家這樣的「寒酸」待客方法，這就是如人飲水，冷暖在心了。

第六節　吃剩菜的日子

在士林官邸的時候，官邸一個月光是花在吃上面的經費，大概總有二、三十萬元台幣；可是，到了七海官邸，才聽說官邸每天的菜錢居然不超過一千元，這實在讓人大吃一驚。當然，在我們身上的經驗不止是「大吃一驚」而已，還包括了到現在都還刻骨銘心的吃剩菜經驗。

當然，這裡我所謂的剩菜，不是那種隔夜的剩菜，而是蔣經國和他的家族吃過之後的剩菜。

試想，以一天的菜錢居然可以壓縮到九百元的大家庭，連主人都是隨便吃吃了，我們這些被視為下人的工作人員，會吃些什麼好菜？因而，我們大致上吃的是蔣經國他們吃過之後的「剩餘物資」。可是，我們畢竟人多，有時實在沒有菜吃，而且葷菜吃完了，廚房裡沒什麼存貨，楊師傅只有炒一、二個素菜，讓大家果腹。基本上，我們也只求能夠吃飽就行，倒也別無所求。

後來大概有人向蔣經國反映，他知道我們居然沒菜下飯，驚訝之餘，特別命令總統府，一個月撥給七海官邸每位工作人員一千二百元副食津貼，算是對副官和工作人員的「特別照顧」。

一般情況下，假如大師傅出去買菜，一天的菜錢要是超過了一千元的話，上面就要查帳，搞得大師傅心神不寧。

| 第十六章 |

漫漫長夜

——纏綿病榻的強人

從大陸時期到台灣時期，蔣經國可以說沒有一天享受過。他的職務隨著老先生的交棒而迭有更替，可是，工作職務上的改變，從來沒有給他簡樸的生活帶來任何的變化。在老先生在世的時候，他是幕後強人，在老先生過世以後，他成了檯面上真正的強人，他是台灣近四十年來實際的支配者，這個事實是不容質疑的。一個事必躬親的強人，透支了身體四十年的精力，即便是鐵打的漢子，焉有不病倒的事情。這裡，我們就來看看蔣經國是如何榨乾自己的精力，步入病危期！

第一節　蔣經國病史

蔣經國大概早在一九六〇年代前後，就發現自己有糖尿病這種遺傳性的疾病，這個遺傳性疾病主要是遺傳自他的生母毛夫人。

老先生臥病後期，蔣經國照例每天早晨都要到士林官邸來探望老先生的病情。蔣經國來士林官邸的時候，就由士林官邸的護士小姐，先為他在耳垂上抽血，檢驗血糖含量，再為他按血中的血糖比例施打胰島素，打完胰島素，蔣經國才在士林官邸吃早餐，然後再去上班。

他是每天打一劑胰島素，從不間斷。孝文血糖過低昏迷導致臥病的悲劇發生後，蔣家對經國先生的糖尿病情非常重視。為了監控蔣經國的血糖，榮民總醫院特別派了二位醫生，二十四小時輪流，隨時為蔣經國檢查血糖，只要發現他的血糖含量超過正常值，就立刻給他打胰島素，希望把他的體內血糖盡量控制在正常的一百三十個血糖單位之間。事實上根本無法做到接近正常邊緣。

一九七〇年代，蔣經國的糖尿病有嚴重惡化的傾向，主要的原因仍是出在他不知節制飲食，完全無視於醫生開出來的飲食禁忌，毫無忌憚的吃各種他喜愛的點心、餐點。尤其是外視察的時候，只要肚子餓了，看到路邊攤子上有什麼東西好吃，他就去吃，根本不管它什麼血糖不血糖，這是他的糖尿病日漸惡化的根本原因。

一九八一年間，醫生為了壓制蔣經國日漸攀升的血糖指數，只有將原來每天施打一次的胰島素，改為一天施打二次，也就是每日早晚餐之前打一針胰島素。

蔣經國這時還是不能適當地節制飲食，然而醫生們已經開始為他病況前景感到憂慮。因為這顯然是一個關鍵時刻，如果蔣經國在這個時期能夠全力和醫生配合的話，還是有可能把血糖控制在相當的指數以下，不致過於惡化。然而蔣經國仍舊是依然故我，醫生除了搖頭嘆息，就只有坐視情況的發展。

糖尿病又稱為消渴症，因為病人體內的血糖過高，所以經常會感覺口渴，拚命想喝水。所以，當蔣經國在辦公室或是在家裡有拚命想喝水的情況時，醫生就開始緊張了，但是除了幫他驗血檢查一下血糖指數然後注射胰島素之外，又有什麼更好的辦法？

後來，醫生控制他飲食糖量，他吃的點心因是代糖製作的西點根本無法入口，經常要我們拿一客冰淇淋給他吃。我們當然清楚冰淇淋是高糖分食品，不敢隨便給他吃，便去向醫生請示，醫生知道他的脾氣只好聳聳肩，說：「他要吃就給他吃吧！那有什麼辦法呢？等吃了血糖升高了，再來打胰島素吧！」醫生明知吃冰淇淋肯定會提高他的體內血糖單位的，可是因為已經有過幾次挨罵的經驗，又有誰敢去阻攔他？只有任由他吃個夠了。

蔣經國有一句給醫生的名言是：「我的病由你們負責控制，我吃東西則由我自己負責！」他講得那麼強硬，又有誰敢直接冒犯？

難改口腹之欲的惡習，只靠消極注射胰島素，控制他的血糖。他打針的部位，已經由手臂轉移到腹部，原因就是他的手臂已經到處是針孔，可說是已經沒有地方可紮針了，所以只有把注射的部位，移到全身面積最大的腹部，而時常要驗血的耳垂，也有一段時間因為不斷擠血，到末了都已經出現乾癟的現象，連血都擠不出來了。

在很短的時間內，蔣經國的糖尿病很快就進入末期，他就是最可怕的併發症時期。

眼睛是人身最敏感的部位，所以，蔣經國的眼睛也最早發病。

血糖的驟然上升，讓蔣經國的眼睛產生了極為微妙的變化，最嚴重的一次，就是他的左眼水晶體突然因為旁邊的新生血管大量破裂，流出的血液使得水晶體不能發揮透視光線的功能，他左眼的視力也因而完全喪失。後來，醫生為了控制眼睛內部不再發炎，只有給他吃最有效的類固醇，也就是俗稱的「美國仙丹」。儘管消炎的功效發揮了，可是他的內臟卻因為大量服用類固醇，健康狀況開始極度惡化，並且到了無可挽回的地步。

第二節　不服病的強人

在蔣經國已經擔任總統之後，有一次，原來為老先生治療心臟病的余南庚博士，為經國先生做例行的身體檢查，余博士半開玩笑地安慰蔣經國：「經國先生，你的心臟是四十歲的心臟，健康得很！」

但是，醫生們都心裡有數，蔣經國那時的身體狀況並不是太好，因為他的糖尿病始終沒有好好控制。醫生擔心，這個原本就被人稱之為富貴病的慢性病，如果不好好治療，加上蔣經國終日為了政務東奔西走，難保有一天，蔣經國的身體會被這個富貴病拖垮。

但是，蔣經國自己並不在意，而且更嚴重的，是他向來不把醫生的建議當作一回事，他不像他的父親，把醫生的勸告奉為金科玉律。他始終抱持著一種無所謂的態度，然而等到病情嚴重的時候，卻要醫生扮演治病兼救命的角色，以這樣的心態強求醫官，醫官們又那能達到他的心願，又如何能夠治好自己的糖尿病？

即使醫生三番兩次地警告他不要這樣、不要那樣，可是他始終沒把這些專業建議當一回事，照樣到各地奔波，照樣隨意亂吃，以凸顯與民眾在一起的風格。

他的想法和醫生的專業建議背道而馳，加上有些醫生的態度比較直接，所以，蔣經國的主治大夫共有四位被他以不同的理由，請他們走路。

第一位被蔣經國撤換的醫生，是醫療小組的丁醫師。他原本是榮民總醫院的內科部主任，後來升任為榮總副院長，蔣經國撤換他的理由，是說他「不夠盡職」。至於他不盡職的地方在那裡，則沒有人曉得。蔣經國堅持撤換他，不兼任醫療小組召集人。

第二位是周大夫。周大夫的問題前面講過，就是他的嗓門太大，蔣經國對他也很反感。

第三位被撤換的是何撓通。他的問題是經常向蔣經國直言，要求他這個不能吃、那個不能吃，他的專長是新陳代謝科，基於本身的專業知識，何撓通不斷向蔣經國灌輸這方面的知識，但是，蔣經國對他的好意並不領情，加上何大夫說話的時候，也許比較直率，就這樣，蔣經國對他失去好感，也被他下令撤換。

第四位被撤換的醫生是眼科權威，榮總的林大夫。他恰巧碰到蔣經國的左眼水晶體周圍的新生血管破裂出血，左眼因而失明，蔣經國把這次的責任，全部怪罪到林醫師的身上。事實上，人的身體特別是像眼睛那樣敏感的部位，是很難照顧的器官，加上蔣經國又有嚴重的糖尿病，更容易導致眼睛的疾病。

左眼失明後，林大夫趕到蔣經國身邊時，情況已經無法挽回。事實上，類似的情況由任何一位高明的醫生來處理，都會束手無策的。林大夫到蔣經國身邊看了實際的情況後，向經國先生報告，事到如今，只有慢慢靠藥物來防止更多的新生血管破裂。

可是，蔣經國一聽說要「慢慢吃藥」，心裡更是一肚子火，當時他就責怪林醫師沒有照顧好他的眼睛，當即決定撤換林大夫。

蔣經國向來認為，保護他的身體健康，是醫生責無旁貸的責任。所以，蔣經國這種不服病的個性，加上他把保養身體的任務全部加諸在醫生的身上，當然使得官邸的醫生更是戰戰兢兢，不知如何是好。

縱然蔣經國如此不和醫生合作，而且又把責任全部加諸醫生的肩頭，可是蔣經國還是有他相當欣賞的醫師，他晚年的眼科大夫劉榮宏，就是一個鮮明的例子。

劉榮宏是榮總眼科主任，是台灣少數對視網膜剝離很有研究的一位醫學專家，自從蔣經國調走了林和鳴醫師之後，負責醫治蔣經國的左眼。當時，他運用先進的鐳射醫療設備，為蔣經國左眼新生血管顯微治療，只要蔣經國一打電話，劉榮宏就會放下手邊的所有工作，直奔七海官邸，為他檢查眼睛。在他的悉心照顧下，蔣經國的眼疾才沒有進一步惡化。

此外，像神經外科大夫沈力揚，早年也是蔣經國最欣賞的一位醫生。可是沈醫生在蔣經國病情惡化的時候，卻不幸過世了，蔣經國為此十分傷心，還曾頒贈勳位給沈力揚，感謝他的貢獻。

整體而言，蔣經國的醫官群，不像其父蔣老先生的醫療小組那樣齊全，他的醫官群，主要是看蔣經國身體病情的需要，臨時調集榮總最優秀的醫生為他治病。

但是，基本上還是有一個大致的架構，諸如：

召集人：早期是丁農，後來的繼任者是姜必寧，他們二人都是心臟科權威。

新陳代謝科：這是治療糖尿病最主要的骨幹，最早是趙彬宇、金鏗年、何撓通，最後是金鏗年（台北榮總內科主任）。

眼科：林和鳴、繼任者是劉榮宏。

心臟科：姜洪霆（榮總高雄分院內科部主任）。

陳宗瀛（榮總高雄分院心臟科主任）。

程壽山（已移民美國）。

穆瑞運（已逝世）。

腸胃科：羅光瑞（榮總院長）。

一般外科：鄧述微、彭芳谷（台中榮總院長）。

泌尿外科：鄭不非。

就因為經國先生認為醫生本來就是為他服務的，而且要負起維護他健康的責任，所以，他便經常以個人的好惡隨時決定那一個醫生該撤換、那一個醫生要怎麼樣和他配合，而不是去配合醫生的專業建議，為自己的身體健康，做某種生活習慣上的調整，這也是蔣經國的醫官們心中最大的壓力。

第三節　病急與偏方

糖尿病畢竟是一種急不得的慢性病，必須善加調養，並且和醫生的意見配合，方有控制的希望；因為糖尿病影響到神經系統，晚期蔣經國的雙腳有麻痺的現象，醫生特別建議他，除了內服藥物之外，還應做一些物理治療的按摩。所以，榮總最早曾經派了一位年輕的護士小姐，這位護士小姐人長得有點像明星彭雪芬，很漂亮，每天按時來七海為他做按摩治療，蔣經國對那位護士做的病理按摩十分滿意。可是不久後，那位護士隨夫婿出國去了，榮總派了另外一位護士來給他做按摩，他大概覺得那一位不如原先的小姐做的好，做了一段時間，他就主動喊停，不想再做按摩。

當然以一國元首之尊，他不願意老是坐輪椅，總是有損他的形象，一直希望腳部麻痺能夠早日康復。可是，西醫好像沒有什麼明顯的功效，他聽從汪道淵推介，說台北市南昌街有一位中醫師很權威，那位馬大夫曾到總統府去為蔣經國出診，並且開了不少中藥，還要我們副官去南昌街拿藥，拿回來每天在官邸煎藥，可是吃了不知多少付了，糖尿病還是一點起色都沒有。

末了，秦孝儀又向蔣經國獻策，說腳不好的話，吃鹿筋有效。於是，蔣孝勇就去各處張羅採買許多鹿筋，他們的理論是中國傳統的那一套，就是吃什麼補什麼，等蔣孝勇去台北各大中藥店買了各種的鹿筋回官邸，再聽從偏方的指示，把鹿筋燉得爛爛的，裡面什麼調味料也沒放，只加代糖，就這樣把一碗碗那種黏呼呼的鹿筋，吃進肚裡。蔣經國吃的時候，眉頭緊鎖，顯然鹿筋的味道不是太好。

也不知道吃了多少鹿筋，不但毫無功效，病情反而更糟糕，後來再也不敢服用中藥，所以官邸到後來還有不少鹿筋存放在那兒。

偏方無效，蔣經國只好還是繼續相信正統醫生的處方，每天大把大把地吃藥，有時候他開玩笑說：「這麼多年吃的藥，都可以堆作一間房子了！」確實，就以他每餐後來說，大概總要吃個七、八顆藥丸，後來一些併發的毛病全都慢慢顯現出來了。

第四節　截肢之謎

蔣經國晚年，由於台灣的各種地下地上刊物，已經有如雨後春筍。這樣發達的媒體傳播，關於蔣經國生病的一些小道消息也特別多。可是，這裡面有一大半是外界以訛傳訛、擴大渲染的不實報導。

說蔣經國的某隻腳已經「鋸掉」的消息，便是一個典型的錯誤訊息。

當然，這個傳聞，主要和他坐輪椅出入各種公開場合有關。而且，一直到他死後，因為他的遺體躺在棺木內，還有一床棉被覆蓋在他的下半身，所以更引人疑惑，到底蔣經國晚年有沒有因為腳部組織壞死，而被迫鋸斷一隻或是兩隻腳？或者另有文章？

究竟蔣經國晚年有沒有鋸腿，始終跟在他身邊的我們，自然是最清楚了。其實答案非常簡單：沒有！

既然如此，蔣經國晚年為什麼要乘坐輪椅呢？

這也和他的身體神經病變有關，因為糖尿病的併發症，造成了他的腳部神經組織麻痺。所以，蔣經國晚年始終抱怨為什麼覺得腳一點力氣都沒有，前面我們也講過，醫生曾經規勸他做各種復健工作，例如按摩，可是，蔣經國並沒有恆心做下去，加上他自己原先就是一個不喜歡運動，一回家就往床上躺的人，沒有機會讓腿部多活動。所以，晚年他的下半身肌肉，萎縮的情況愈來愈嚴重，他的上半身相當肥胖，大約有七十公斤的體重，但是雙腿很瘦，所以站久就支撐不住，走起路來他總是喊累，醫生也沒有更好的良策，只有讓他坐輪椅。

儘管蔣經國到死為止，都沒有「鋸」過身體的任何部位，可是，他的皮膚確實因為糖尿病的關係，發生了相當嚴重的病變狀況。

最嚴重的，是他的腳部皮膚，可說到了幾乎沒有什麼感覺的程度，這就是典型的感覺神經麻痺的病症。

最明顯的一次，是在一年冬天，我們為了怕他著涼，在他晚上睡覺時，不但特別注意他的棉被有沒有蓋好，除了身體的保暖，還特別為他準備了一只熱水暖袋，放在他最怕冷的腳下。

沒想到，有一次，大概是某位副官加的熱水比較熱，雖然熱水袋還包裹著一層毛巾，但因為蔣經國的腳部皮膚已經麻痺，在他睡覺的過程中，腳也沒有什麼燙的感覺，一直這樣「燙」到天亮，當我接班時，一看，不得了！蔣經國的左腳腳後跟硬是燙出一個大水泡，面積相當大，這一大塊水泡腫得很大。我們立刻向醫生報告，醫生接到這個消息相當緊張，因為有糖尿病的人，身上即使是一點小傷口，復原都要經過好長的一段時間，更遑論是這麼一大塊水泡。而且最糟糕的是，那塊已經快被燙熟的皮膚，正是他的腳跟部位，不但對他穿鞋走路是有絕對的影響，要復原可能更需一段長時間。

為了讓他可以穿鞋走路方便，孝勇想出一個絕妙辦法，特地把他的皮鞋的後跟剪破一個口子，縫上一條寬鬆緊帶，讓皮鞋和腳後跟不會直接碰觸到他受燙傷的部位。

在他腳部燙傷的那段日子，有位醫生為了表現他的盡職，天天來為他換藥，他的精神確定是相當好，可是，一般人都知道，皮膚受傷的話，換藥也不宜換得太勤，否則，傷口根本沒有保持乾燥和休養復合的時間，痊癒的時間當然要比較遲緩了。

那次的燙傷事件，整整做了一、二個月的治療，終於痊癒，這大概是蔣經國臥病期間，一次最明顯的「意外」事件。

除了燙傷事件之外，蔣經國全身的皮膚也是很特殊，比一般人的皮膚來得乾燥。經常見他的皮膚像是蛇蛻化脫皮一樣，一片一片地脫落，十分可怕，這可能也是糖尿病的後遺症之一。他的皮膚表皮不但容易脫落，而且皮膚的感覺神經很遲鈍，時常皮膚破了還不知道疼，多半是我們發現了，才趕快想辦法治療。

第五節　中常會併發病

所謂中常會併發症，其實就是蔣經國內臟和心理因素綜合發生的一種全身敏感症狀。

一般人可能根本無法想像，為什麼蔣經國的糖尿病併發症會和他的日常公務扯上任何關係，事實上，他的病痛的確和他要處理的公務——特別是由他親臨主持的國民黨中常會，有著密切的關係。

一切的肇因，和蔣經國長年服用類固醇，有著密不可分的關係。類固醇在最初服用的主要目的，乃是針對他眼睛的問題，醫生怕他的眼睛因為糖尿病併發視網膜發生病變，所以，不得不持續服用這種俗稱「美國仙丹」的特效藥，後來，蔣經國經常發生食道過敏的情況，經常會有想嘔吐的感覺，這也是醫生給他吃類固醇的另一個原因。

說也奇怪，蔣經國每次食道發生過敏病症，幾乎都是在禮拜三，主要原因後來我們才研究出來一個結論。原來，蔣經國對中常會原本就非常介意，這是他掌握黨的權力的一個重要媒介和手段，每逢中常會，他總要藉機在會上發表一些重要政策性的宣示。所以，從一開始，他對中常會的事前準備工作，便是十分重視，把它當作一件最重要的工作。

大概是他太重視禮拜三的這個會議，他愈是重視，他的身體反應也愈是強烈，所以每逢禮拜三，他食道敏感的老毛病，一定會準時發作。這個毛病發作的時候，蔣經國一面流鼻涕，一面噁心嘔吐，這時，他只有再服用類固醇藥丸，來緩和腸胃的極度不適。

有時，他實在難過極了，以為腸胃有什麼問題，請腸胃科的醫生來檢視，看看到底有沒有毛病，可是等醫生來做聽診，又一切正常，到底是要吃類固醇還是不吃，真是搞得他不知如何是好。

有時候，身體痛楚到實在出不了門，他只好請輪值的中常委，代理他當主席主持會議；有時候，他覺得已經有幾次沒去主持會議的紀錄，再不去的話，外面又是如何看待他的連續缺席，這會不會導致外界有政局不穩的憂慮呢？他真是考慮再三，最後咬著牙，硬是撐著病體，坐輪椅到中央黨部開會。可是，會議開著開著，他的身體體力就出現支撐不下去的現象。

有位在中央黨部工作的朋友，有一次問我：「你看主席是怎麼回事？頭歪一邊，而且眼睛都閉起來了，他到底有沒有在聽開會的發言？」

為了避免蔣經國在開中常會時體力不繼，有關方面只有縮短會議時間匆匆結束，這也象徵著他的生命已經愈來愈接近尾聲。

然而，蔣經國還是忍著錐心之痛，繼續出席中常會，直到他死的那一天，他還是念念不忘要去開中常會！

第六節　病床上背誦演講稿

很多老一輩的朋友如果聽過蔣經國演講的人，一定對他略帶嘶啞，完全不用講稿的講演，印象猶新。大部分人都不曉得，他是完全靠背誦講稿才會如此滔滔不絕的。

因為蔣經國演講不看稿子，多半是他在要演講的一個禮拜前，就開始家裡先把要講演的稿子，背得滾瓜爛熟，然後等到臨場時，再很靈活地使用背誦在腦海裡的稿子，好像是和一個老朋友說話似的，行雲流水，很流利地講出來。再配合他演講時的豐富表情和演講時的抑揚頓挫，就成為一篇十分生動的演講稿。

口若懸河的講演、略帶沙啞的語音，曾經風靡多少男女老少，這便是蔣經國獨特的演講風格。

晚年，他躺在床上，沒事的時候，就在背演講稿，一次不熟再背誦第二次，第二次不行，再第三次，這樣反覆背誦，到真正稱得上滾瓜爛熟為止。

記得，一九八七年行憲紀念日前夕，他為了準備到中山堂向所有國民大會代表演講，還在十分沉重的病痛中，背誦蒞日要去公開發表的演講內文。當時，蔣經國的視力已經十分模糊，為此，他的秘書王家驊特地要人寫一份特製的演講稿，專供蔣經國閱讀之用。這個特製的講稿，上面的每一個字體大小都有十公分那麼大，因為只有那樣大的字體，蔣經國極度退化的視力才可以勉強看得見。

那次，我和王家驊各自拉住那張講稿的一端，蔣經國就躺在床上，看著那份由我們舉著的講稿，吃力地背誦著。畢竟，當時他的記憶力尚未明顯衰退，不過短短的一份講稿，那次花去他好久的時間，他才背誦完畢，然後疲累地躺下去，閉目沉思。

蔣孝勇擔心他沒有辦法和過去那樣，把講稿很流利地在大會現場朗朗上口，所以，特地去那年的行憲紀念日大會會場，做了一些特殊的布置。例如，把蔣經國要上去講話的那張講台上面，製作了一個呈弧形的板子，這塊板子主要是為了可以放置蔣經國的那份大字講稿用的。孝勇是為了防止蔣經國一旦忘詞時，還可以看看稿子內文，一邊提醒他。蔣孝勇的巧思的確發揮了作用。

那次行憲紀念日典禮場上，發生了民進黨籍國大代表舉抗議布條鬧場事件，民進黨人在台下高聲呼喊口號。在會場上方的主席台上，蔣經國根本不知道台下在吵嚷些什麼。至於台下民進黨人舉的布條，因為蔣經國視力已經極度衰退，他也根本看不見台下的情形，何況他是忍著身體的疼痛去的。在他發表完簡短的致詞，侍衛人員擔心他體力無法負荷，便匆匆推著他的輪椅揚長而去，我們隨從人員都認為，蔣經國那次根本沒有發覺台下有任何異樣。

第七節　床單戰爭

長期吃類固醇藥物，所以，蔣經國的腸胃晚年真是到了無法再惡化的地步。

除了腸胃功能很弱，另外，經常會便秘也是他面臨的一個痛苦問題，有時候因為他腸胃不佳，接連幾天沒有解大便，醫生沒別的辦法，只有給他吃軟化大便的藥。可是，這種藥一吃下去，馬上出現副作用，開始瀉肚子。

有一陣子，他瀉肚子瀉得很厲害，我們一天內換了好幾次床單，有時候連他自己都煩了，大聲責問：「你們幹什麼？煩不煩啊？換了三、四次床單。」

有時候，他坐在座車內，在路上還來不及回到官邸，就因為感覺遲鈍、直腸肌肉沒有知覺，在車上就瀉了一褲子的大便。車上的隨從坐在車裡聞到異味，都曉得總統大概拉肚子了，可是，沒有人敢吭聲，就這樣一路大家憋住氣，忍到抵達官邸。

在官邸的時候，有時他說要解小便、大便，我們連忙拿尿壺去接。可是有時就是來不及，他已經拉在床上。這除了是因為他的身體移動不便，和他身體排泄功能無法自行控制有關。

腸胃不舒服的時候，他還是執意要上班，我們怕他在路上瀉肚子，所以都會為他在車上準備了備用的內褲，可以隨時更換，不過後來倒沒有再發生過。

第十七章

蔣經國最後一段浮生歲月

為了盡量讓病體衰弱的蔣經國，生活過得比較輕鬆裕如一點，七海官邸在硬體和軟體設施作為上，做了不少改革。例如，投下大筆資金去建設一間內裝頗為先進的西式廚房；去三軍軍官俱樂部的餐廳找了最好的廚師，來七海官邸，為蔣經國烹調最精緻的餐飲；又例如，為了延續蔣經國的生命，榮民總醫院不惜血本，擴建榮總總統病房和相關設施等等。

儘管這些作為，都是包括蔣孝勇在內人士對蔣經國的一種好意，可是，蔣經國並不喜歡這樣的待遇方式。畢竟，他自認是一個平民總統，他希望受到的待遇，是一種正常的平民化的待遇，可以讓他過像以前那樣的生活，無拘無束、自由自在。奈何，他的糖尿病病情，已經不容許他這樣子。

第一節　記蔣經國的吃

蔣家家族當中，蔣經國是最不重視吃的一個人，可是，他對吃卻還是有他的一套哲學，那套哲學便是在簡單中，吃出自己的獨特風味。

記得在七海服務的這段年歲當中，蔣經國最愛吃的一道菜，就是無所不包的砂鍋魚頭。

當然，講到七海的砂鍋魚頭，就不得不講到楊煥金大師傅。他調理的砂鍋魚頭，真是風味絕佳，令人吃過無不回味無窮，他做的砂鍋魚頭，裡面除了一個大鰱魚頭，還喜歡放些和凍豆腐、粉皮、火腿等等佐料和配料，湯頭也很特別，配的菜色加上鮮魚頭，味道一起煮出來後，真是無比鮮美，令蔣經國大快朵頤。

每次，七海蔣家如果吃砂鍋魚頭的話，孝勇必定先動筷子，把鰱魚頭二邊帶油的二塊肉，夾到蔣經國的碗裡，讓蔣經國趁熱大快朵頤。蔣經國最喜歡吃魚頭特別是魚鰓下，二塊帶油的肉，他認為那是魚全身最鮮美的部分。

在砂鍋的炭火熊熊中，蔣經國把那二塊魚油吃完，一般飯量的人，應該有個八分飽了，可是，蔣經國這時才剛剛食指大動，食欲正好的時候。

一家人圍著一桌子，一起吃飯，是人間至情最溫暖的一刻。

蔣經國總是不改他節儉的本性，只要是砂鍋魚頭沒吃完的話，他一定會交代，把剩下的留晚上可以繼續吃，不准倒掉。

其實，蔣經國官邸，從早期長安東路時期，就養成食物剩菜不輕易倒掉的老習慣。就像早年蔣經國經常吃的羅宋湯，只要禮拜一做了羅宋湯，那保證可以吃上好幾天，直到全部吃完為止。

如果只有蔣經國兩夫婦的時候，蔣經國吃的便是簡單。其實他最喜歡的家常吃食，是叫阿寶姊做一盤炒得乾乾的蛋炒飯，外加一碗小魚紫菜湯，就這樣打發一餐。他反而比較喜歡這樣的家常口味，而不喜歡什麼魚翅、燕窩那類的名貴食品作的大餐。

通常，蔣經國官邸一頓飯，大致上是四菜一湯，菜色是二葷二素，湯多半是土雞熬出來的濃湯，味道十分鮮美可口。有時候，晚上廚房各給蔣經國夫婦一支雞腿，蔣經國對炸雞腿非常有興趣，也喜愛吃九孔，他並不管這些食品的膽固醇含量有多高，只管好不好吃而已。

但是，唯一會讓蔣方良講話的情況，就是如果做的菜量太多的時候，她就會請阿寶姊通知大師傅，怎麼做這麼多幹什麼。

除了家鄉味十足的上海口味，他對西餐的興趣也還不錯，如果興致來了，他就要我們到圓山飯店西餐部訂二份西餐。他對龍蝦和牛排等菜色的胃口都不錯。病重之後，食欲大減，即使是圓山飯店的美食，也食之無味了。

第二節　餐食戒嚴時期

晚年蔣經國的血糖單位指數，有時會高到四百甚至五百，低的時候大約一百多，平常狀況大概是二百到三百之間，但是，這和正常人血糖指數的一百二十，還是高出了許多。為了確保蔣經國的血糖不要過度高於正常值，總統醫療小組的醫官們開始與蔣孝勇等親人溝通，希望強制控制蔣經國的飲食，否則，血糖再這樣繼續高下去，任憑是神仙也救不了蔣經國的性命。

醫生的專業建議，當然得到蔣經國親人的同意，並且在事後獲得蔣經國的初步「諒解」，所以，嚴格的食物與調味控制，就這樣正式展開。

可是，才剛剛開始，蔣經國就對無糖少鹽的食品，產生消極抗拒，當然是和沒放糖又少鹽的食品，難以下嚥、味如嚼蠟有關。

醫生下了調味戒嚴令之後，真是苦了大師傅楊煥金等人，他又要聽從醫師的意思，不准放太多鹽和糖，又要聽從蔣經國的命令，要他那一道菜加點什麼味道，夾在中間，楊煥金真不知如何是好。畢竟，他煮的菜是習慣比較鹹一些，你要他改煮淡甚且要他煮菜少放一點鹽，其實，他也不見得比吃的人來得快樂。

在醫生嚴格監控下，不但菜裡面沒有一絲鹽味，連官邸做的上海點心，本來該放糖的，現在也改放「代糖」——也就是俗稱的糖精。奇怪的是，糖精在喝咖啡的時候，吃起來不會有什麼特殊的怪味道，而做成西點做為午後點心及早餐之用，吃起來不但不甜，而且發苦，實在不好吃。

所以，這些東西端上他面前時，蔣經國只動了動叉子，他就臉色大變，氣呼呼地罵道：「這做的什麼東西，連味道都沒有，這怎麼吃？拿開！拿開！我不吃了，餓死算了！阿寶！給我弄二個荷包蛋來！」

蔣經國正在盛怒之下，也沒有人敢去勸阻，上年紀的人不宜吃太多蛋，可是，那些不含鹽和糖分的東西確實教人難以入口，他除了吃荷包蛋還能吃什麼？所以根本沒有人敢跟蔣經國說什麼話。

醫生這時也怕挨罵，躲在一邊，靜靜看著蔣經國發脾氣、推盤子、拍桌子。

奇怪的是，蔣方良這時也「夫唱婦隨」起來，只要蔣經國說不吃什麼東西，她也隨聲附和，等蔣經國說要吃荷包蛋，她也說要二個荷包蛋。

從那時起，七海官邸的餐廳就經常上演這一幕「拒吃」的戲碼。

有時，蔣經國氣極了，筷子一摔，就朝我們大吼：「去給我拿一客冰淇淋來。」或者是「去給我買一份漢堡來」、「拿二片吐司來」！我們何辜，可是，他發脾氣時我們經常是首當其衝。他一開罵，我們就要倒楣，不是聽訓，就是要去買東西，讓他填肚子。

第三節　七海官邸的廚房革命

七海官邸內務在總管阿寶姊的主持下，可以說一切都是以節約樸實為原則。

然而，蔣經國長期在這樣儉樸的環境下，生活慣了，他也並不以為苦，尤其是在他身體健康的時候，從來沒聽過他抱怨伙食如何如何。蔣經國對飲食的不滿，主要是源自他的糖尿病日益惡化，醫生開始強制控制他的飲食攝取以及糖鹽等調味品的添加量以後，才慢慢浮現出來的問題，而且愈來愈嚴重，甚至嚴重到影響蔣經國每天的心情，並且完全喪失原有的口腹之欲。蔣孝勇這時覺得這樣下去不是辦法，想到一個妙方，就是要徹底改變官邸的廚房，而且準備請一組上選的廚師，為他的父親做好吃的菜肴。

這便是七海官邸蓋新廚房的緣由。

但是，蔣經國是一個非常節儉的人，他如果知道蔣孝勇有這個計畫，本人是絕對不會同意的。所以，蔣孝勇便在完全保密的情況下，進行官邸廚房的新建計畫。

關於經費來源，蔣孝勇當然不用愁，他早就在國防部總務局的經費項目下，找到了幾百萬的經費來源。至於新的廚房地點，他是選在官邸侍衛室廚房重新改變，新廚房很快就蓋好。接著，孝勇也早已在軍方經營的三軍軍官俱樂部，找好了最好的廚師，新廚房一落成，新廚師也就正式上班。

一切進行得相當順利，在新廚房啟用後，經國先生的營養師每天會來問我們：「到底經國先生喜歡吃什麼菜？請你們盡量告訴我，這樣也可以讓我們做些準備。」我們當然竭盡所能地告訴他們，關於蔣經國平日的飲食好惡，他們搜集了各種「情報」，終於整理出一個輪廓。如此，三軍軍官俱樂部的廚師，就開始上場，為經國先生準備餐飲。

老實講，三軍軍官俱樂部的廚師為讓蔣經國歡心，真是煞費苦心。每天要做的餐飲，都是經過營養師計算熱量和營養，然後才去採買配好的菜肴的，當然，既然是給總統吃的餐點，自然是要選時鮮、品質最上乘的菜肴和新鮮水果，而且，國防部也是全力配合，毫無人力和物力上的問題。

好菜上桌了，蔣經國也事先從蔣孝勇那裡得知，官邸的廚房「變了一些花樣」，保證會讓他食指大動、大快朵頤。上桌的菜是一道道全魚、全雞，反正任何上來的菜全是一整隻一整隻的，我們在旁邊一看，就知道那樣的菜肴作法，完全是餐館的模式。蔣經國看看菜的外觀，並沒有一絲愉快的表情，他動了動筷子，嘗了一點菜，就面無表情地把筷子往桌上一擱，然後說：「這菜好看不好吃嘛！」

他示意要我們把桌上的菜拿走，只吃些水果來填飽肚子，我們也不好說什麼，只有照吩咐的做，這時待在廚房內的營養師會立即跑了過來，問道：「怎麼樣？吃得如何？」我只好照實話說，營養師也莫可奈何地兩手一攤、搖搖頭。

大概總有好幾天，中飯和晚飯都是這樣，大盤地端上來，然後再大盤地端下去，根本沒有動什麼筷子。有時候，他嘗嘗菜色實在是什麼味道都沒有，火上心頭，筷子一丟，就開始大發雷霆，「這種東西也要給我吃，存心要餓死我，好！餓死算了，上水果！我不吃飯了！」有時候實在還是餓不過，可是又不願吃眼前那些無鹽無糖的菜肴，就叫阿寶姊給他烤兩片麵包，他是寧願吃烤吐司，也不願吃那些外表好看，卻一點沒有菜味的菜肴；有的時候，乾脆叫阿寶姊給他做荷包蛋或是水破蛋吃，有時早上吃蛋、中午吃蛋、晚上還是蛋，就是不肯吃餐廳煮的菜。

我們大家面對他的吃飯問題，真是個個不知所措，營養師也自知無法成功，只有一個勁搖頭的份。

當時，每逢當班看到這樣的場面，心中真是非常難過，蔣經國一生辛勞，沒想到臨老連東西都不能隨意吃，而兒子好心為他設計的伙食，卻還是得不到他的歡心，反而落得蔣經國大發脾氣，甚至拒吃。

其實，事情會演變至此，原因十分簡單，就出在蔣孝勇不懂他父親的飲食習慣和口味好惡。此外，蔣經國一向是主張節儉，不要浪費，而三軍軍官俱樂部餐廳的做菜法，完全只是餐廳的做法，而不擅長做家常菜；蔣經國的口味一向是喜歡重一點的口味，喜歡吃得稍微鹹一點，軍方派來的廚師，做的菜固然好看，可是吃起來還是和七海原先由廚師燒出來的菜色，一樣味道不夠重，根本不合他的口味。

七海的廚房革命，注定失敗，可是營養師還是沒有撤退，他們還是在為了蔣經國的糖尿病問題，做艱苦的鬥爭。每天拿著磅秤在秤蔣經國吃的食物該如何保持均衡，而蔣經國卻依然故我，他也在和營養師做一場最後的「鬥爭」。

第四節　浮生歲月

蔣經國晚年，因為腿部神經的痲痺現象嚴重，上下床鋪全部要我們抬著走，大小便也要靠我們把他抱到馬桶上才行。起先，像刷牙、洗臉這類的事情，都是他自己來做，但到了後期，連這些個人動作都由我們來幫他處理了，甚至由於他的行動不便，連他解手後的私處清潔工作，也是由我們埋著頭替他代勞了。如果發生便秘情況，則由我們協助醫生，為他用甘油球灌腸通便，這也當然離不開我們。

講到他的牙齒，在他最後幾年的歲月當中，本身的牙齒已經腐爛得差不多了，經常不是裡面爛掉了一顆牙，就是外側又脫落了一片牙，可是牙齒爛歸爛，他也不怎麼管它，直到實在沒辦法了，不去找牙醫求救不行了，他才找牙醫來診治。

那段處理牙齒的時間，他幾乎看到牙醫就直搖頭，從此，他對牙醫最不感興趣，提起牙醫就是一臉不悅表情。後來，牙齒處理好了，牙醫為他裝了一付高級的假牙，可是，他似乎是不善於戴假牙，每次戴假牙似乎都會出些意外狀況，更是惹得他火冒三丈，後來乾脆不戴了。可是，假牙如果太久沒戴的話，牙床就會開始變型，一變型，要再想辦法戴上來，就很困難了。所以，後來他根本就將假牙棄置，寧願使用牙根來慢慢咀嚼食物，這方面，我們就莫可奈何，想幫忙也幫不上了。

第五節　可怕的洗澡經驗

晚年蔣經國的皮膚相當脆弱，比一般人來得乾燥，而且經常會像蛇蛻變一樣，皮膚一片一片脫落。所以，醫生特別交代，要他盡量少洗澡，以免刺激皮膚。醫生給他的洗澡間隔是每三、四天洗一次澡，而且還怕他皮膚的油脂消失，會對身體更不利，所以醫生再三告誡，洗澡和洗臉的時候，都不要再用肥皂。

然而，因為不用肥皂洗澡，怕沒有消毒功能，醫生建議在洗澡水裡，不妨放些「沙威隆」，可以取代肥皂。可是，蔣孝勇又從外面打聽到一個秘方，在洗澡水裡加些JOHNSON牌子的嬰兒油，攪和在一起，稀釋於一滿浴缸的溫水，再以泡浴的方式洗澡。據他的說法，這樣會對皮膚有幫助，我們也不清楚這種配方的妙處在什麼地方，反正主子怎麼說，我們就得怎麼做。

萬萬也沒想到，在這個配方洗澡的第一次，就讓我們吃足了苦頭。

當然，一般人絕對不會想到，蔣經國怎麼洗澡和我們會有什麼關聯？

問題的癥結就出在蔣經國晚年的盥洗和各種私人動作，都是由我們代勞的。經國先生從一九八二年以後，因為開刀的關係，自己洗澡很不方便，那時開始就由我們協助他洗澡。我們通常是由兩個人先把他抱進浴室，再由一個副官進去浴室服侍，另一個人為他擦背，最早他還不接受我們這樣的服務，後來因為自己體力實在不行，只有假手我們才可以完成洗澡動作，隨著他的體力日漸衰弱，他洗澡動作也全部委由我們全程處理。

第一次放沙威隆加嬰兒油的洗澡經驗，真是讓我終生難忘。我們先把浴缸的溫水注滿，再按醫生和孝勇的指示，把沙威隆和嬰兒油徐徐加在浴缸裡，等這整個洗澡水的稀釋過程完成，我們兩個副官才去把蔣經國從床上抱到浴缸內。在我們幫他洗的時候，還不覺得有什麼危險，直到洗完要將他從浴缸裡抱起來的時候，才驚覺這是一件非常危險的工作。試想，嬰兒油是多麼油膩的一種液體，依慣常的洗澡過程，在浴缸裡洗了一會兒後，我們幫他抹擦全身，要等他說「好」，也就是他感到舒服的時候，我們再為他摩擦背部，他很喜歡我們為他擦背，這也要等他說滿意了，才可以停止。

在這個抹背、擦背過程當中，正是我們最感到臨深履薄、緊張萬分的時刻，因在這過程中，他的身體完全靠我們兩個人一前一後的撐持，而他身上又是沾滿了嬰兒油，如果我們稍一失手，蔣經國很有可能就滑倒在浴室地面，造成無可彌補的傷害。如果真的讓總統受了傷害，縱然我們有十條性命，也不足以賠罪。

在這樣潛在的畏懼心理下，我們真是隨時都提心吊膽，深恐我們一時的閃失，鑄成我們終生的遺憾。所以，每次輪到我值班幫他洗澡，必定是在浴室內就站好架式，預防他突如其來的摔倒或是不穩。

他習慣洗盆浴，我們本來就怕他在進出浴缸的剎那，發生意外情況，可是，自從蔣孝勇建議他的特殊洗澡配方之後，這種突發狀況的機率隨之大為增加。通常的情況，是他進出浴缸內出來的時候，一位副官站在他的前面，另一位副官站在他的後方，當他要從浴缸的時候，他先自己用手拉著一只裝在牆上的扶手，這時我們就立刻從他的後方腋下，用手臂把他用力輕輕撐扶起來。

在以前，只要我們自他的腋下扶他一把，大概就可以把他扶起來，可是自從他的身體惡化，而孝勇又「發明」了這個油性的洗澡配方，我們就容易在撐持他起來的那一瞬間，發生失手滑開的情況。

還好，後來我們急中生智，想出乾脆用毛巾把他油膩的身體包裹住。這樣，就算他的身體再怎麼油滑，只要毛巾包裹妥當，應該絕對不致失手或是有什麼萬一。

儘管如此，毛巾仍舊不是萬無一失的，畢竟在加了油的洗澡水內泡過以後，蔣經國就像是一條泥鰍似的，要抓住他保證不會滑開，還真是難上加難。每次為他洗一次澡，總是累得我們滿身是汗，比打一場仗還要辛苦。

印象中有一次，就因為抱他上廁所，結果不小心差一點滑了一跤，還好那次我及時用手撐住，沒有讓他碰到一絲一毫，否則真不知該如何是好，也真不知會有什麼嚴重的後果。那次，不小心滑倒，記得他第一句話就問：「怎麼樣？你有沒有受傷？要不要緊哪？」那一句話儘管是他的一句客套之詞，但是畢竟是他在我差點跌倒的那一剎那說的頭一句話，所以，我相信那句話是他的直接反應。我對他的態度發生了很大的變化，我覺得即使像他這樣的領袖人物，還是有他人性化的一面。

正如我在前面說過的，他因為腳部的神經麻痺，而對於滾燙的熱水保溫袋，失去正常知覺，導致腳後跟嚴重燙傷。那段日子，洗澡可說是我們最感覺痛苦的時期，那時，他的腳後跟綁了紗布，為了怕紗布溼導致發炎而更不易痊癒，所以每次為他洗澡前，都要先將他受傷的那隻腳套上塑膠袋，然後才敢抱他下浴缸洗澡。洗澡時還是怕他的紗布沾上水，所以，只有把他受傷的那隻腳蹺在浴缸的外沿。

雖然他是間隔三、五天洗一次澡，可是大家只要聽到他要洗澡，副官們無不如臨大敵，戒慎恐懼，大家的心都為之砰砰跳，為他一次洗下來，更是像虛脫了似的。一直到今天，即使半夜醒來，每次想起以前為蔣經國洗澡的經驗，都不禁冷汗直冒、餘悸猶存。

第十八章

蔣經國逝世前後憶往

一九八九年某日，我到榮總看病，有位熟悉的榮總高層人員和我聊天的時候，突然很神秘地告訴我：「你們其實都不知道，榮總早在民國七十六年（一九八七年），蔣經國死前一個月，就檢驗出他的內臟全部都敗壞，很多內臟臟器的功能都喪失了，我們的生化檢驗清清楚楚，那樣的情形怎麼可能活得了！」

這位榮總高級主管講的事情，正是蔣經國一九八七年底的身體狀況。可是，當時沒有一個人敢公開這個事實，即使他的親人也沒有人願意承認這個事實，畢竟他是總統，他是不可一世的強人！可是，上帝卻要強人受到和常人同樣的病痛折磨，這難道是天命嗎？

第一節　暴風雨前夕

有天下午，蔣經國又和往常一樣，發生瀉肚子的情況，這次是瀉在床上，弄得滿屋子都是異味。阿寶姊要我們清理蔣經國的房間，她見到我當班，從夫人那裡拿了一瓶香水就吩咐說：「翁副官，麻煩你去向姜醫官（姜必寧）拿些消毒棉花來，我要在先生房間噴些香水除去臭味，快一點！」

我很快走向姜大夫的房間，沒想到他正在和蔣孝勇談事情，從他們臉色凝重的樣子看來，我知道大概是在談蔣經國的病情，我等了幾秒鐘，趁他們講話稍稍停頓的時候，我走近姜醫官的身旁，輕聲地說：「姜醫官對不起，我想拿一些消毒棉花，是不是可以給我一些，教育長房間要消除臭味……」我話還沒講完，蔣孝勇劈頭就吼道：「你什麼事情那麼急？沒看到我們正在談事情嗎？」他一臉怒容，我知道他情緒不佳，也沒有說什麼，只好在拿到消毒棉花後，匆匆退出房間。這幾天，正是蔣經國的病情急轉直下的期間。

一九八七年八、九月間，有一次，醫官程壽山為蔣經國量血壓，量完不禁嚇了一大跳，乖乖，蔣經國的血壓居然只有正常人指數的一半，這還了得，得馬上處理。他立刻向召集人報告，然後連忙把經國先生送往榮總急救。

蔣經國又一次進入榮總五號總統病房，醫生做了初步檢查，決定立刻為他做緊急輸血處理，緊急輸血輸了五百ＣＣ，才把情況穩住。

要不是程醫官處理得宜，恐怕蔣經國早在七十六年底就過世了，可是，那次的住院，經過院方的詳細檢查，發現蔣經國大部分的內臟功能都已經明顯衰退，而且有嚴重壞死的傾向。這對一個糖尿病的病患來說，無異是一個最不好的警訊，等於宣布離死期不遠，當時，這個訊息除了蔣孝勇及醫生以外，沒有任何人知道。可是，儘管如此，這是沒有辦法瞞過我們這些和他朝夕相處在一起的副官人員。

然而，蔣經國的車隊還是玩著「早出晚歸」的遊戲，就是早上開出官邸，晚上再開回官邸，其實車裡根本是空的，蔣經國人還在醫院裡面，這就是典型的掩耳盜鈴的手法。

第二節　蔣方良的緊急電鈴

七十七年元月六日，一向身體硬朗的蔣方良突然病倒。

她的病倒，讓已經略有緊張氣氛的七海官邸進入空前低壓狀態。蔣方良得的是氣喘引起的心肺衰竭，情況一度非常緊急，連救護車都等在門口可以隨時出發上榮總。可是，就在她的病情趨於嚴重的時刻，蔣方良卻在鬧脾氣，她不願意離開蔣經國一個人去住院，所以，儘管孝勇怎麼勸她，她就是不願上醫院，後來，驚動了蔣經國，他親自出來勸蔣方良：「方！妳一定要去醫院，一定要去，……這樣好了，我陪妳去好不好？」

蔣方良不願住院的原因，據說是為了不想離開蔣經國，不想離開家，所以，她執意不肯入院。但是，蔣經國這麼一勸，她只好同意，當然唯一的條件，便是由丈夫蔣經國一起和她到榮總總統病房住了幾天。後來情況穩定了，才一起出院回官邸。

在一九八八年元月初的那幾天，七海官邸是籠罩在一片緊張氣氛中的，但是那一陣子，大家的注意力是由蔣經國轉移到蔣方良的身上，大家有一種預感，會不會蔣方良會出意外？並且先蔣經國而去呢？

誰曉得，不過一個禮拜的時間，情況有了令人意想不到的發展。

第三節　最長的一夜

早在那年的元旦前後，榮總檢驗人員大概每隔二、三天就來為蔣經國抽一次血檢驗。而且更嚴重的是，檢驗師居然找不到蔣經國的血管，這已經顯示情況不妙，蔣經國難有痊癒的希望。當然，我在當時寧願相信自己純然是一種錯誤的直覺，寧願蔣經國能夠再延續他的生命，為國家服務，然而畢竟人是敵不過上天的。

服侍蔣經國多年，我們對他的心理起伏周期，可說瞭若指掌，通常他在每個禮拜二晚上開始，就有心情煩躁，舉止不安的情況。為什麼他會在禮拜二有這樣的反應，我們觀察的結果，是他對第二天也就是禮拜三的國民黨中常會的敏感反應。

因為自從他臥病以來，他就十分在意外界對他病情猜測的說法。而且，基於他的責任感，他總覺得如果不去主持中常會，政局有可能受到影響，他不放心長時間不去主持黨內最高權力機關的會議，會有什麼樣的微妙後果。

禮拜三清晨，王家驊向他請示一些事情，這時，蔣經國也會告訴他，今天到底會不會去主持中常會。除非是身體實在支撐不過，否則，蔣經國即使是硬撐也要去黨部主持中常會的。

所以，從禮拜二晚上開始，蔣經國就顯得十分焦躁不安，一下子下床，一下子上床，沒有人知道他在煩躁些什麼事情，也沒有人幫得上忙。照料他吃飯，也是沒有什麼胃口，餵他吃的話，他總是興趣缺缺，有時候火氣上來了，或者身上的病痛難忍，他就用力拍床。但是，大概他怕驚擾到蔣方良，鬧了一會兒，就平靜下來了。

因為他下床時，非坐輪椅不可，有時他身上還掛著點滴的管子，上下床要連點滴瓶、點滴管子一起搬上搬下，我們除了要抱他上下床，還要顧及這些瓶瓶管管，可以想見當時我們的窘境。

他的習慣性食道過敏，每逢星期二更是厲害，這時只有吃美國仙丹，才能夠勉強抑制一下病情。可是，美國仙丹實際上對他的健康戕害絕對是直接的，然而當他因為食道過敏，連五臟六腑都想嘔吐出來的時候，也就顧不得對健康有什麼影響了，只有再吃美國仙丹，來對抗要嘔吐的感覺。

為了食道過敏問題，他曾經不止一次要醫生為他設法檢查，看問題到底是出在什麼地方，而醫生的檢查結果總是很明確地告訴他：「報告總統，你的食道一點問題也沒有。」醫生認為，他之所以會經常想嘔吐，主要還是糖尿病併發症在作祟，所以治本之道，只有把糖尿病解決了，才有可能去根治一切的過敏症狀。然而在糖尿病尚無法控制之前，只有繼續吃類固醇，來緩和嘔吐的症狀。連醫生都沒有更好的辦法，那蔣經國也只好每個禮拜二或三受一次罪了。

元月十二日那晚，和平常任何一個禮拜二的晚上一樣，蔣經國仍舊是煩躁不安，從他的表情，我們可以斷定這個夜晚對蔣經國來說，又是一個漫漫長夜。可是，我們萬萬沒有想到，這竟是蔣經國最長的一夜，七海官邸的窗外一片淒寒，在他黝暗的房間裡，我們看著這位國家元首，在和他的生命做最後的掙扎，除了隔壁房間和他一樣是有病之軀的老伴，他的四周沒有任何一個親人。兒女除了一個蔣孝勇在台灣經常來官邸，其他的不是生病就是外放國外，或是遠嫁異域。在他這樣年紀的同輩人當中，大部分都已經在享受天倫之樂，為什麼他卻過得那樣孤寂，難道這是宿命？

冬天的夜晚，為什麼總是那樣漫長而難挨？他翻來覆去，徹夜難眠，想起明天的中常會，想起一張張部屬的臉孔，想起明天新聞記者如何猜測蔣經國好久不曾出現在中常會的那些臉孔……。

第四節　蔣經國的死

王家驊一大早就來了，我和蔡內勤侍衛官是早上七時接的班，蔣經國這天的精神很不好，但並無異常狀況，但從神情來看便知道沒睡好的樣子。他和王家驊講了幾句話，就叫王家驊先走，去中央黨部叫今天的輪值中常委再代表他主持中常會，我們相信他做出這樣的決定是相當痛苦的。王家驊走了以後，蔣經國說他感覺胃不舒服，如果不是他的身體不適到極點，是會盡量參加中常會的。

蔣經國那天早上粒米未進，從他的舉止表情完全看不出明顯異樣。他不停地上下床，在輪椅和床鋪之間徘徊，他的情緒比往常更為浮躁倒是真的，我們只有不停地抱他上床下床，整個上午似乎都在忙著同樣的動作。

他說過感覺胃不舒服後，我們很快就向醫官反映。那天，腸胃科的主治大夫羅光瑞剛好一大早去外地，官邸裡面恰巧只有姜必寧醫師，姜必寧是來官邸看蔣方良的心臟病。那天早上，蔣方良本來心臟病還在休養當中，姜大夫每天一早都會來報到察看病情，聽我們向他反映蔣經國人不舒服，他就過來看了一下。結果，姜必寧問蔣經國那裡不舒服，蔣經國就說腸胃，可是，醫生就是講求專業，不是自己專業的科別，只能做個初步的診治，所以他在做完初步診查之後，就去聯絡負責蔣經國腸胃科的羅光瑞醫師。誰知道偏偏不湊巧，那天一大早羅光瑞去外地洽公了，要下午才能趕回來，姜必寧聽了十分緊張，又繼續聯絡羅光瑞的去向，後來好不容易聯絡上了，羅光瑞表示立刻趕回台北。因為蔣經國早上未進早餐，於是立即先為他掛上點滴，補充水分和營養。

這時，蔣經國已經忍不住身體的痛苦，告訴一旁當班的我：「你們找人想想辦法，我實在痛苦得不得了啊！我全身都不舒服啊！」這時已經是九點多鐘的事情。他的表情有些扭曲，我知道，如果不是很難受的話，他是不會這樣說的。我無可奈何地一旁安慰：「報告教育長，姜醫官已經去聯絡羅光瑞羅大夫，他馬上就會回來為你治療，你請保重，一定要好好保重。」

我說實話，除了這樣安慰他以外，我根本沒有別的辦法。

他還是不安地在床鋪上翻來覆去，十分痛苦的樣子。

到了十一點多的樣子，蔣孝勇到經國先生房間外探望他的父親一下，告訴我們說要到士林官邸陪老夫人吃飯。隨後，他就離開蔣經國的房間，離去的時候，他也沒有交代我們什麼，就直接驅車離開官邸。

蔣孝勇走了不久，蔣經國身體還是不舒服，情緒還算平穩，他突然問我：「咦？孝文呢？」我答道：「報告教育長，他現正在官邸餐廳進餐。」他又問：「那孝武呢？」我說：「孝武先生現在新加坡工作。」

蔣經國只輕輕哦了一聲，就又半躺臥在床鋪上，我可以直覺到，他好像有什麼事情想講，可是又像是欲言又止。他的頭半垂著，好像陷入一種深思之中，久久不能自拔。我陡然覺得這位曾經在台灣威儀一世的領袖，此刻是多麼的寂寞蒼涼。

看著他那樣無助而落寞的表情，我也不禁黯然相對。

大約十二點四十幾分，蔣經國原本作勢欲嘔的動作，這次竟然真的吐了，他大口大口地吐了一床，我定睛一看，這還得了，他居然吐的全是血。我看情況非常不妙，馬上在床邊拿個不鏽鋼的彎盆，去接他吐出來的血，只見一口接一口的血，一種完全是暗紅色、甚至等於是豬肝色的那種血，汩汩地從他口鼻中不斷噴發出來。我立即向醫官報告，醫生也見事態嚴重，立即去聯絡醫院麻醉科李主任來七海緊急支援，醫生、原先服侍蔣方良的護士都開始過來幫忙處理。可是只有一個人還被蒙在鼓裡，那就是蔣方良，大家刻意不讓她知道，怕她經受不起刺激。可悲的是，就算我們大部分的人都動員了，那又能奈何，畢竟，沒有一個人可以和天命抗衡，可以和已經無可救藥的疾病抗衡。我繼續守在經國先生的身旁，他已經虛弱到沒有一點力氣講一句話，有人正在和應酬中的孝勇聯絡，請他立即趕回七海。蔣經國雖然是一息尚存，可是，我可以感受到，死神正在他的身旁佇立，而且是近在咫尺的距離，甚至是可以聽見心跳的距離。

我剛剛將他臉上和棉被的血漬處理乾淨，醫生忙著急救用藥，護士小姐也過來幫忙，大家都以為情況大概已經稍稍穩定下來，可是誰曉得，大概十二點五十五分左右，蔣經國開始第二次吐血，這次的血和剛剛吐的血一樣，也是暗紅色的，我們又是一陣驚駭和忙亂。可是，他吐完之後，頭一歪，眼一閉，就倒臥在床，再也沒有一絲動靜，大家安靜地望著他安詳的面容，病床邊那只心電圖機還在顯示他的心搏。醫生知道那是他心律調整器的聲音，而不是他的心臟跳動的聲音。蔣經國已經生機渺茫，當然，他們還是要盡人事聽天命地做一些搶救工作，可是，醫生們心裡有數，要從上帝手裡攔下蔣經國這條人命，機率是近乎零。

蔣經國便這樣沒留下一句遺言，溘然離開人間。他逝世的時候，身邊沒有一個親人。

蔣孝勇回到七海官邸，他的父親已經氣絕多時，他立刻通知其他的親屬，而侍衛人員則透過行政系統，向上面報告，並且報告李登輝副總統及其他政府首長。

羅光瑞下午二點多回到官邸，他到的時候，其他的醫師還在為蔣經國做最後的急救。

直到下午三點多，其他政府首長路陸趕到七海，待李登輝來到官邸，醫生才放棄搶救。

這時，蔣方良的房間傳來陣陣的啜泣聲。

第五節　告別蔣家

蔣經國的死，對蔣家而言，與其說是一位大家長的遽逝，不如說是一個輝煌時代的結束。從一九四六年入伍，到一九八八年元月十三日，我在蔣家耗費了大半生的寶貴時光。在這個尊貴的家族裡，有我們所有工作人員付出的一切心血和努力，也有我們所有工作人員不可磨滅的榮辱和記憶。

在蔣經國官邸守完七七四十九天孝後，我被調回中央黨部，繼續工作，一直到隔年退休。太多的記憶縈繞在腦海，太多的恩怨情仇纏繞在潛意識深處。現在，我偶爾作夢的時候，還會夢見自己在士林或是七海官邸，在老先生或是蔣經國身邊工作時的各種情景。

我曾經感受過在總統身邊工作的尊榮，和被長官和同仁怒責的那種屈辱和無奈，如今都已經是過眼雲煙。

我服務蔣家幾十年來，和其他許多的同仁一樣，沒有任何額外的收入，就是靠微薄的薪水生活。一直到今天，我還依稀記得，蔣經國在老先生過世以後，看到我們這些為守靈夜以繼日，連續忙了好幾個月的同仁，就是那一句簡單的：「謝謝你們！辛苦了！」就這麼一句話，我們個個甘之如飴。

離開蔣家，我沒有獲得一絲一毫不當的利益，俯仰無愧。更值得我慶幸的是，在蔣家半生，一直受到長官的愛護和關照，從來沒有任何大的波折，不曾犯過大的錯誤，一方面也是自己工作努力、小心謹慎，沒有大的瑕疵。各種酸甜苦辣，如今思之，不禁讓人百感交集，無限喟嘆。

我在蔣介石父子身邊的日子

歷史與現場 231

口　述—翁　元
作　者—王　丰
主　編—湯宗勳
責任編輯—林　淳
美術設計—Poulenc
行銷企劃—劉凱瑛

發 行 人—趙政岷
出 版 者—時報文化出版企業股份有限公司
108019台北市和平西路三段二四〇號四樓
發行專線—(〇二)二三〇六六八四二
讀者服務專線—〇八〇〇二三一七〇五
(〇二)二三〇四七一〇三
讀者服務傳真—(〇二)二三〇四六八五八
郵撥—一九三四四七二四時報文化出版公司
信箱—10899台北華江橋郵局第九十九信箱

時報悅讀網—http://www.readingtimes.com.tw
電子郵箱—history@readingtimes.com.tw
人文科學線臉書—http://www.facebook.com/jinbunkagaku
法律顧問—理律法律事務所　陳長文律師、李念祖律師
印　刷—勁達印刷有限公司
初版一刷—二〇一五年十二月十八日
初版四刷—二〇二一年四月二十一日
定價—新台幣三八〇元

時報文化出版公司成立於一九七五年，
並於一九九九年股票上櫃公開發行，於二〇〇八年脫離中時集團非屬旺中，
以「尊重智慧與創意的文化事業」為信念。

我在蔣介石父子身邊的日子 / 翁元口述 ; 王丰記錄.
-- 初版. -- 臺北市 : 時報文化, 2015.12
面 ;　公分.

ISBN 978-957-13-6469-8(平裝)

1. 蔣中正　2. 蔣經國　3. 臺灣傳記

909.953　　104004701

ISBN 978-957-13-6469-8
Printed in Taiwan